AF501937

MANUEL ÉLÉMENTAIRE

DE MUSIQUE,

PAR

SIGISMOND STERN.

MUSIQUE TYPOGRAPHIQUE
DE TANTENSTEIN ET CORDEL
90, rue de la Harpe

Imprimerie [illegible], rue de la Harpe

MANUEL GÉNÉRAL

DE

MUSIQUE

A L'USAGE

DE L'ENSEIGNEMENT ÉLÉMENTAIRE

DU CHANT, DES INSTRUMENTS ET DE LA COMPOSITION

PAR

SIGISMOND STERN.

APPROUVÉ PAR L'INSTITUT DE FRANCE, ACADÉMIE DES BEAUX-ARTS,

LE 9 SEPTEMBRE 1848.

Prix net : 6 Fr. — Sur Chine : 8 Fr.

PARIS

BRANDUS, ÉDITEUR DE MUSIQUE,

87, RUE RICHELIEU.

CHEZ L'AUTEUR, 19, RUE DUPHOT.

1850.

PREFACE

DE M. ELWART,

PROFESSEUR D'HARMONIE AU CONSERVATOIRE DE MUSIQUE DE PARIS.

Les bons solféges ne manquent pas à l'enseignement, mais ce qui jusqu'à ce jour a manqué aux élèves, c'est une théorie rationnelle, claire, précise, et dont le vocabulaire fût exempt de tout reproche sous le rapport de l'exactitude des termes techniques

Depuis plus de soixante ans, on a mis entre les mains des élèves le solfége d'Italie, précieuse collection de leçons musicales écrites par Durante, Leo, Scarlatti et d'autres compositeurs.

Le Conservatoire de Paris, en se constituant en 1794, publia un solfége d'une haute importance par ses leçons, signées des plus célèbres noms de l'école française de la fin du XVIIIe siècle, et enfin, sous l'Empire, la Restauration et de nos jours, *Gérard, Chelard, Garaudé, Catrufo* et *Panseron* ont publié des solféges recommandables par les leçons progressives qu'ils renferment. Mais ces différents compositeurs ont tous fait précéder leurs solféges de principes qui semblent calqués à plaisir les uns sur les autres ; car, plus soucieux d'écrire de bonnes leçons musicales que de rectifier ce que la théorie reçue a de fautif, d'incorrect et très souvent d'irrationnel, ils se sont contentés de la formuler sans l'approfondir et sans la dégager des ténèbres qui l'enveloppent.

C'est en étudiant le Manuel de Musique de M. Stern, que les artistes se convaincront de la justesse de nos réflexions sur l'imperfection des ouvrages élémentaires dont on se sert généralement pour l'enseignement.

La vérité, qui perce à chaque page du livre de M. Stern, nous a réellement désillé les yeux ; et, plein d'estime et d'admiration pour le système d'un artiste penseur que le hasard nous a fait rencontrer sur le chemin de la science, nous avons saisi avec empressement l'occasion d'écrire la préface de cet ouvrage modèle.

Ce qui surtout nous a frappé dans l'ouvrage de M. Stern, c'est son ardent désir de rendre hommage à la vérité, c'est son inflexibilité toute mathématique dans la juste appropriation des termes, et sa logique définition des parties multiples de la théorie musicale.

L'auteur, dans le Manuel général de Musique qu'il offre au public, n'a pas la prétention d'apporter des changements à l'admirable notation, ni à toutes les autres parties constitutives du système musical suivi par l'Europe entière ; ce qu'il a voulu faire, et il y est parvenu avec autant d'habileté que de succès, c'était : présenter les principes de la musique avec une lucidité et une justesse de vue qui, en détruisant les préjugés scolaires et en bannissant certaines locutions impropres consacrées par l'usage routinier, doit ramener la théorie d'un art, considérée par le plus grand nombre avec une légèreté déplorable, aux préceptes éternels du vrai, du logique et du beau.

La Méthode de M. Stern est conçue de telle sorte que, tout en conservant la *partie purement musicale* des différents solfèges publiés jusqu'à ce jour, les professeurs amis du progrès pourront graduellement appliquer ses excellents principes aux ouvrages qu'ils emploient dans les cours de leur enseignement public et particulier.

Elle sera de la plus grande utilité pour les mères de famille qui dirigent elles-mêmes l'éducation de leurs enfants.

Par la facilité élégante du style, M. Stern a rendu les questions les plus abstraites accessibles à toutes les intelligences.

Nous ne saurions trop recommander son livre aux gens de lettres, aux amateurs et aux hommes du monde, dont le plus grand nombre renoncent, dès les premiers efforts, à des études si intéressantes par le fond, et que les théoriciens ont su rendre si repoussantes par la forme.

Enfin voici la première grammaire musicale qui ait paru, justifiant véritablement ce titre.

Ce Manuel de Musique rendra de notables services à l'enseignement, et M. Stern, en le livrant à la publicité, contribuera puissamment à la propagation de l'art musical.

Honneur donc à l'artiste consciencieux, qui a débarrassé la théorie des vieilles entraves de la routine. Traiter ainsi la théorie, c'est faire marcher la pratique à pas de géant, c'est ouvrir enfin une carrière sans bornes au génie musical.

AVANT-PROPOS

DE L'AUTEUR.

Les ouvrages élémentaires, qui servent de base à l'enseignement musical, se recommandent tous par des qualités estimables; mais, il faut en convenir, il y a aussi tout à la fois des lacunes dans plusieurs parties essentielles, et des choses inutiles; on y explique, par exemple, la théorie du *son*, on remonte jusqu'à l'origine des notes, on disserte sur les modes usités chez les Grecs, les Romains, etc. Ce sont là des notions fort intéressantes sans doute, surtout quand on a le loisir de les approfondir, mais qui, effleurées à la hâte, n'offrent aucun résultat utile, et, dans tous les cas, sont déplacées dans un livre du genre de celui-ci.

Il ne nous appartient point de faire l'éloge de notre ouvrage; mais qu'il nous soit permis de signaler, dans un exposé sommaire, les lacunes que nous avons essayé de combler, et les réformes essentielles introduites par nous dans l'enseignement musical.

Nous excluons tout ce qui ne se rattache pas directement à la musique; la considérant principalement comme un langage, nous partons de ce point de vue pour expliquer les signes et les moyens d'exécution qu'elle emploie.

Nous nous sommes bien gardé de rien changer au système de notation qui est en usage aujourd'hui. A notre avis, il est parfait et admirable de tout point, et ce serait une espèce de profanation que de vouloir y toucher. Les imperfections que quelques auteurs, ainsi que beaucoup de musiciens, ont cru y découvrir, ne tiennent qu'aux imperfections des différentes méthodes qu'ils suivent dans l'explication des notes, et à leur obstination à vouloir analyser l'échelle des sons d'après les lois de la physique. Ainsi, rien de plus obscur, par exemple, rien de plus embarrassant que la dénomination de *demi-tons;* nous l'avons proscrite, et en cela nous croyons avoir rendu un grand service aux maîtres aussi bien qu'aux élèves. Nous n'admettons point de *demi-tons,* par une raison toute simple, c'est qu'il n'en existe pas. Chaque son, *sous le rapport purement matériel,* forme un *tout* complet et indivisible.

Dans l'explication des gammes, nous ne nous bornons pas à en *énumérer* les notes, mais, ce qui est plus essentiel, nous en faisons aussi ressortir le *caractère.*

Quant au système de la *transposition,* nous avons trouvé qu'il n'a pas été exposé jusqu'ici avec toute la clarté désirable.

La théorie de la *mesure* et du *rhythme* est traitée, ou très superficiellement, ou avec un luxe d'érudition stérile et fastidieuse.

Rien de plus impropre et de plus irrationnel, à notre avis, que la dénomination des accords telle qu'on la donne ordinairement. A cette nomenclature, nous avons substitué des termes *rationnels* et *caractéristiques* qui ont, en outre, le mérite de la simplicité, et qui, nous osons le croire, faciliteront singulièrement l'enseignement de l'harmonie. C'est ainsi que nous appelons l'*accord parfait majeur: triade majeure;* au lieu d'*ac-*

cord parfait mineur, nous disons : *triade mineure ; l'accord de septième majeure* devient la *tétrade majeure*, etc.

La manière de chiffrer la basse, que l'on a employée jusqu'à présent, est également très inexacte. L'élève a toujours plus ou moins de peine à se retrouver au milieu d'une forêt de chiffres qui, dans les renversements des accords, offrent constamment de l'ambiguïté. Nous proposons un nouveau *mode* pour chiffrer la basse. Voici, par exemple, comment nous marquons la *triade majeure* : . Dans le premier renversement de cet accord, nous ajoutons au signe un point : ; et nous mettons deux points dans le second renversement : .

Voici le signe pour la *triade mineure* : , etc.

Nous conservons les chiffres dans les *suspensions ;* ils servent alors à indiquer les notes qui suspendent les accords :

Lorsque la suspension a lieu dans la basse, nous ajoutons aux chiffres un trait oblique :

Nous adoptons la *dictée musicale* comme une étude de nécessité absolue, et nous traçons dans notre livre le plan d'un cours gradué de *dictée*.

Les définitions, dont on méconnait trop souvent l'importance, ont été pour nous l'objet d'une attention toute particulière ; nous nous sommes attaché à les formuler avec clarté et précision, en évitant tout détail inutile, sans rien omettre d'essentiel.

Notre Manuel présente les modèles les plus parfaits des différentes *poses* pour les instruments ; on y voit figurer les élèves du Conservatoire de musique et du Gymnase musical militaire de Paris, qui ont obtenu les premiers prix au concours de 1849. Les dessins sont faits à la plume par M. Collette, artiste des plus distingués.

Ce rapide exposé suffira pour donner une idée générale de notre ouvrage.

Nous avons pleine confiance dans l'impartialité des artistes et des amateurs. C'est avec la conviction de marcher dans la voie du progrès, que nous leur soumettons ce livre, qui, nous osons l'espérer, contribuera à relever et à populariser l'étude de l'art musical.

CHAPITRE I.

DU LANGAGE EN GÉNÉRAL

L'homme est doué de la faculté d'exprimer ses idées, ses pensées et ses sentiments.

A cet effet, il emploie différents moyens.

D'ordinaire, les modifications de l'âme et de l'intelligence se manifestent par des signes extérieurs sensibles à la vue et à l'ouïe, c'est-à-dire par des *sons* et par des *gestes*.

De là, trois espèces de langages: le *geste* (pantomime), la *parole* et la *musique*.

Le langage du *geste* s'opère par certains mouvements du corps, surtout par ceux du visage et des mains; c'est ce qu'on appelle *gesticuler*.

Le langage de la *parole* s'effectue à l'aide de sons articulés: c'est ce qu'on appelle *parler*.

Enfin le langage de la *musique*, qui va faire le sujet special de notre travail, emploie des sons également produits par la voix, mais avec certaines modifications; c'est ce qu'on appelle *chanter*.

QUESTIONNAIRE.

Qu'entend-on par *langage*?

On entend par *langage* les moyens de communication qui servent à l'homme pour exprimer ses pensées et ses sentiments.

Quels sont ces langages?

Ce sont le *geste*, la *parole* et la *musique*.

Par quel moyen se produit le *geste*?

Par certains mouvements du corps, surtout par ceux du visage et des mains.

Et la *parole*?

Par des sons articulés.

Et la *musique*?

Par des sons également produits par la voix, mais avec certaines modifications qui forment ce qu'on appelle : le *chant*.

Dès à présent on passera à l'exercice vocal; l'exercice instrumental ne commence qu'à la fin du quatrième chapitre. On conduira l'élève de manière qu'en arrivant au neuvième chapitre, celui de la *notation*, il soit assez avancé pour savoir chanter ou jouer d'oreille.

Nous pensons que la *Méthode* que l'on emploie pour apprendre à l'enfant à former des sons articulés, trouve également son application dans les premières leçons de musique.

De même que, pour apprendre à parler, on articule d'abord des sons, des lettres, on prononce ensuite des mots, et l'on finit par former des phrases entières; de même, pour apprendre à chanter ou à jouer d'un instrument, on commence par s'exercer à énoncer des sons isolés, après quoi on énonce des séries de sons, et enfin on exécute des mélodies courtes et faciles. Une fois que l'élève se sera familiarisé tant soit peu avec ces premiers éléments, il passera à l'étude de la *lecture* et de l'*écriture* musicale, étude dont nous nous occuperons à partir du chapitre de la *notation*.

Dès les premières leçons, il faut plier les élèves à de *bonnes habitudes* : cela est plus important qu'on ne pense peut-être; le succès de l'enseignement peut en dépendre jusqu'à un certain point. A cet égard le professeur ne se laissera arrêter par aucune considération : il opposera une fermeté inflexible à toutes les ruses et à tous les faux-fuyants de la paresse.

Ainsi l'on astreindra les enfants à chanter toujours debout et à émettre les sons sans efforts et sans grimaces.

Quant aux instrumentistes en particulier, on aura soin de les habituer à une tenue convenable et à la pose correcte des mains.

CHAPITRE II.

DE LA MUSIQUE.

En *musique*, les sons peuvent être produits simultanément par des masses de voix différentes, sans cesser d'être intelligibles : l'ensemble qui résulte de leur accord, s'appelle : *harmonie*.

Ce qui caractérise en outre la musique et la distingue de la parole, c'est qu'elle agit directement sur le sentiment : elle n'exprime rien de matériel ; les sons, en s'unissant, forment des chants, des mélodies, qui portent toujours l'empreinte des émotions de l'âme. Ces chants sont, en effet, tour à tour joyeux ou tristes, religieux ou passionnés. C'est donc à juste titre qu'on appelle la musique : *le langage de l'âme*.

Pour compléter ces explications, le professeur fera entendre successivement des morceaux de chant, qui expriment les diverses émotions dont nous venons de parler. On pourra choisir des airs nationaux et populaires qui abondent dans chaque pays ; les compositions de nos célèbres auteurs fournissent en outre de nombreux exemples : pour faciliter les recherches, nous croyons devoir donner les indications suivantes :

CHANT RELIGIEUX.

Ave verum. . . . . MOZART.

CHANT MÉLANCOLIQUE.

Adieu, romance . . . . SCHUBERT.

CHANT JOYEUX.

On me verra, le verre en main, chœur de la DAME BLANCHE . . . BOIELDIEU.

CHANT PASSIONNÉ.

Non so più cosa son, MARIAGE DE FIGARO . . . . MOZART.

QUESTIONNAIRE.

En quoi la musique diffère-t-elle de la parole?

Entre la parole et la musique, il y a cette différence essentielle, que celle-ci agit directement sur le sentiment; de plus, les sons musicaux peuvent être produits par des masses de voix différentes, sans cesser d'être intelligibles.

CHAPITRE III.

DES SONS ARTIFICIELS.

Les chants ne s'expriment pas seulement par la voix : l'homme a inventé pour la musique—ce qu'il n'a pu faire pour la parole—des *instruments* dont on tire des sons artificiels : au moyen de ces instruments, on imite les sons musicaux de la voix.

Faites entendre aux élèves des morceaux de musique instrumentale

MUSIQUE RELIGIEUSE.

Les sept Paroles . . . . HAYDN.

MUSIQUE MÉLANCOLIQUE.

Andante, premier quatuor en *fa* . . . . BEETHOVEN.

MUSIQUE GAIE.

Scherzo, symphonie héroïque. BEETHOVEN.

MUSIQUE PASSIONNÉE.

Allegro, symphonie en *sol* mineur . . . . MOZART.

Par la réunion des voix et des instruments, la musique produit des effets plus complets et plus puissants.

MORCEAUX DE MUSIQUE VOCALE AVEC ACCOMPAGNEMENT.

1° Le *Kyrie* de la première messe solennelle de	LE SUEUR.
2° *La Sérénade*	SCHUBERT.
3° *O la bonne folie!* COMTE ORY.	ROSSINI.
4° *Trio final* du second acte de la JUIVE	HALÉVY.

La *musique vocale* est rendue par la voix, comme le mot l'indique suffisamment; celle qui se produit par les instruments, s'appelle *musique instrumentale*.

Jouer d'un instrument, c'est exécuter de la musique sur cet instrument.

QUESTIONNAIRE.

Qu'entend-on par *sons artificiels?*

Des sons produits par des instruments qui imitent les sons musicaux de la voix.

Qu'entend-on par *musique instrumentale?*

C'est celle qui est rendue par les instruments.

Qu'appelle-t-on *jouer d'un instrument?*

C'est exécuter de la musique sur cet instrument.

CHAPITRE IV.

DE L'ACCENT MUSICAL.

Tout *son musical*, soit isolé, soit combiné avec d'autres sons, a toujours un *accent déterminé*. Cet accent peut être grave ou aigu, bref ou soutenu, fort ou doux; il passe tour à tour de la douceur à la force, de la force à la douceur; cette transition est tantôt brusque, tantôt insensible; enfin il se conforme au sentiment, qui lui imprime chaque fois une des modifications dont nous venons de parler.

Les allemands désignent le son musical par la dénomination de *ton* Ton. Cette dénomination a le mérite d'être caractéristique; en effet, le mot *ton*, qui exprime l'idée de l'accent en général, peut se rapporter à toutes les modifications d'accent dont le son musical est susceptible.

Dans la langue française, l'acception musicale du mot *ton* est différente, mais tout aussi caractéristique; par ce mot, on désigne le *son* qui est le point de départ et le point final naturel d'un chant, et qui détermine la gravité ou l'acuité des sons dont le chant se compose.

C'est dans ce sens que l'on dit qu'un morceau est dans le ton d'*ut majeur* ou d'*ut mineur*, de *sol majeur* ou de *sol mineur*, etc.; ces termes *majeur*, *mineur* se rapportent à deux *modes* qui caractérisent deux sortes de combinaisons des sons musicaux; plus tard, nous entrerons à cet égard dans des explications plus détaillées.

Nous prévenons messieurs les professeurs que désormais nous leur laissons le soin de récapituler les chapitres.

CHAPITRE V.

DE LA VOIX.

On admet en général deux espèces de voix : celle d'homme et celle de femme.

Les voix de femmes se distinguent en *soprano* et en *contralto*; celles d'hommes, en *ténor* et en *basse*.

La voix de *basse* produit des sons plus graves que le *ténor*, qui s'élève à des sons plus aigus.

Il en est de même pour les voix de femmes : le *contralto* descend à des sons plus graves, et le *soprano* atteint des sons plus aigus.

Les enfants ont également des voix de soprano; on trouve aussi des voix de contralto parmi les adultes des deux sexes.

Outre les différences de gravité et d'acuité qui existent entre les voix, celles de chaque espèce en particulier diffèrent entre elles sous le rapport du timbre et de l'intensité.

CHAPITRE VI.

DES INSTRUMENTS.

INSTRUMENTS A CORDES.

Piano à queue. Piano droit . . . . Planche 1

Violon. Viole ou Alto. 2

Violoncelle 3

Contre-Basse 4

Harpe 5

Les sons du *piano* (forte-piano), se produisent par la percussion, le mouvement que les doigts impriment aux touches, fait vibrer les cordes auxquelles il se communique moyennant de petits marteaux. Les pédales servent à prolonger les vibrations et à modifier l'intensité du son.

Les sons du *violon*, de l'*alto*, du *violoncelle* et de la *contre-basse* sont produits par le *frottement*: avec les doigts de la main gauche on presse les cordes que la main droite fait vibrer à l'aide d'un archet.

On produit les sons de la *harpe* en pinçant les cordes.

INSTRUMENTS A VENT.

Flûte. . . . . Planche 6
Hautbois. 7
Clarinette 8
Cor anglais 9
Basson. 10
Cor ordinaire cor d'harmonie 11
Cor à pistons 12
Trompette ordinaire trompette d'harmonie 13
Trompette à pistons 14
Cornet à pistons 15
Trombone ordinaire. 16
Trombone à pistons 17
Ophicléïde. 18
Orgue 19

On joue de ces instruments au moyen des doigts et de l'*insufflation*.

Le concours des mains et des pieds est nécessaire pour jouer de l'*orgue*. C'est le vent qui forme les sons : à l'aide de soufflets, il est introduit dans les tuyaux, au moment où les mains et les pieds mettent en mouvement les touches et les pédales.

Nous avons passé sous silence quelques instruments qui sont peu en usage aujourd'hui ; il en est d'autres que nous n'avons pas mentionnés, parce que, pour le moment, ils n'entrent pas dans notre sujet : nous aurons occasion d'en parler plus tard.

CHAPITRE VII.

DE LA NOTATION.

L'art musical comprend l'ensemble des signes ou *notes* et des procédés techniques, avec lesquels il faut se familiariser pour pouvoir *chanter*, *jouer* et *composer*.

Ces notes, nommées : *Do* ou *Ut*, *Ré*, *Mi*, *Fa*, *Sol*, *La*, *Si*, *Do*, sont les caractères de la *notation*, qui sert à écrire la musique vocale et l'instrumentale.

On écrit les notes *sur*, *entre*, *au-dessus* et *au-dessous* de cinq lignes parallèles et horizontales :

Ces cinq lignes, qui suffisent pour *porter* toutes les notes, sont désignées par le nom de *portée*.

Les signes placés au commencement des quatre portées suivantes s'appellent *clefs* :

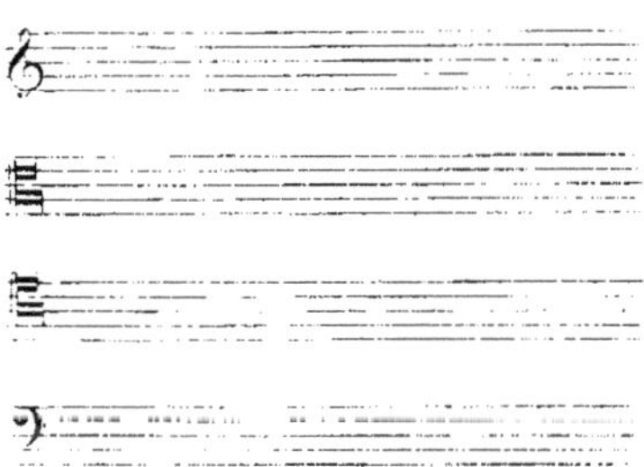

Ces *clefs* se rapportent aux différentes espèces de voix.

La première clef 𝄞, dont le crochet s'appuie sur la seconde ligne, est *la clef de sol ou de soprano* : elle sert à indiquer la musique de soprano

Les clefs de la seconde et de la troisième portée s'appellent toutes les deux clef d'*ut*; mais elles occupent une position différente; celle qui enserre la troisième ligne est la *clef d'alto*, et indique la musique de contralto; l'autre, qui enserre la quatrième ligne, est la *clef de ténor*, et s'emploie pour la musique de ténor.

La dernière clef, dont le point intérieur est marqué à la quatrième ligne, s'appelle *clef de fa* ou *clef de basse*; elle indique la musique de basse.

La *clef d'ut* s'emploie également pour la musique de soprano : elle se place alors de manière à enserrer la première ligne :

Nous allons nous occuper maintenant des notes de soprano écrites à la *clef de sol*.

Voici une série de quinze notes, dont les sons montent graduellement du *grave* à l'*aigu*.

(Faites exécuter d'abord les huit premières notes.)

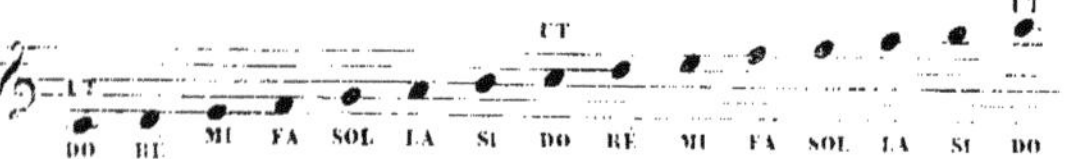

La note sur la seconde ligne de la portée a le nom de la clef qui est affectée à cette ligne. C'est sur cette note que se règle la dénomination des notes comprises dans la série.

Les notes suivantes, à partir de la quatrième ligne, s'appellent également *Ré*, *Mi*, *Fa*, *Sol*, *La*, *Si*, *Do*.

Les différences de gravité et d'acuité qui existent entre ces quinze sons, se marquent par la position plus ou moins élevée que l'on donne aux notes sur la portée.

CHAPITRE VIII.

DU DIÈSE ET DU BÉMOL.

Outre les quinze sons que nous venons de faire connaître, il en est d'autres pour lesquels on n'a pas de notes spéciales; on les écrit avec les notes ordinaires qu'on fait précéder d'un dièse (♯) ou d'un bémol (♭); c'est ce qu'on appelle *diéser* et *bémoliser* les notes.

Les deux premières notes, *do dièse* et *ré bémol*, quoique portant des noms différents, correspondent toutes les deux au *même son*.

Il en est de même des notes qui suivent:

Ré dièse et *mi bémol*.
Fa dièse et *sol bémol*.
Sol dièse et *la bémol*.
La dièse et *si bémol*.
etc. etc.

Si, après avoir diésé ou bémolisé une note, il faut lui rendre son nom primitif, on change le ♯ ou le ♭ en *bécarre* (♮):

CHAPITRE IX.

DE LA DURÉE DES SONS.

La durée, en musique, est pour ainsi dire la sphère d'activité de l'accent, ou, en d'autres termes, c'est sur la *durée* que repose l'accent des sons musicaux.

Pour déterminer les différentes durées, on a adopté comme unité de mesure, tout espace de temps qui suffit pour émettre un son, sans aucun effort de respiration.

La plus longue durée adoptée comme unité de mesure, est évaluée à une seconde et demie, et la durée la plus courte, à un quart de seconde.

Les diverses unités de temps sont marquées exactement par le *métronome*, dont on doit l'invention au mécanicien allemand *Maelzel*.

Le métronome se monte comme une pendule, il a un balancier mobile pourvu d'un contrepoids qu'on peut élever et baisser à volonté d'après l'échelle. Les chiffres de l'échelle indiquent les différents degrés d'accélération ou de ralentissement qu'on veut imprimer au balancier. Comme base de l'échelle, on a adopté le chiffre 40, qui marque la plus longue durée, c'est-à-dire celle d'une seconde et demie.

Voici les figures et les noms des notes qui représentent les différentes durées :

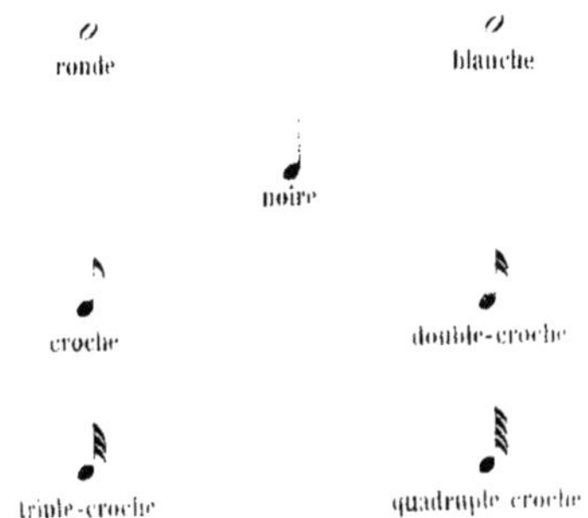

La *noire* (♩) représente l'*unité de mesure* ou le *temps*, comme on dit communément.

Les notes d'une durée moindre que celle de la ♩, sont :

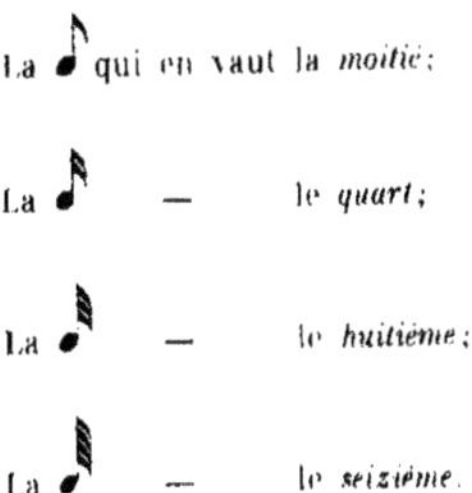

Les notes d'une valeur supérieure à celle de la ♩, sont :

La 𝅝 qui en vaut *quatre*;

La 𝅗𝅥 — *deux*.

Ainsi la 𝅝 vaut deux 𝅗𝅥, quatre ♩, huit ♪, seize 𝅘𝅥𝅯, trente-deux 𝅘𝅥𝅰 et soixante-quatre 𝅘𝅥𝅱.

La 𝅗𝅥 vaut deux ♩, quatre ♪, huit 𝅘𝅥𝅯, seize 𝅘𝅥𝅰 et trente-deux 𝅘𝅥𝅱.

La ♩ — ♪ — 𝅘𝅥𝅯 — 𝅘𝅥𝅰 — 𝅘𝅥𝅱

La ♪ — 𝅘𝅥𝅯 — 𝅘𝅥𝅰 — 𝅘𝅥𝅱

La 𝅘𝅥𝅯 — 𝅘𝅥𝅰 — 𝅘𝅥𝅱

La 𝅘𝅥𝅰 — 𝅘𝅥𝅱

Faites exécuter l'exemple ci-après, en prenant successivement pour point de départ, comme unité de mesure, les différents chiffres du métronome.

EXERCICES SUR LES DIFFÉRENTES DURÉES.

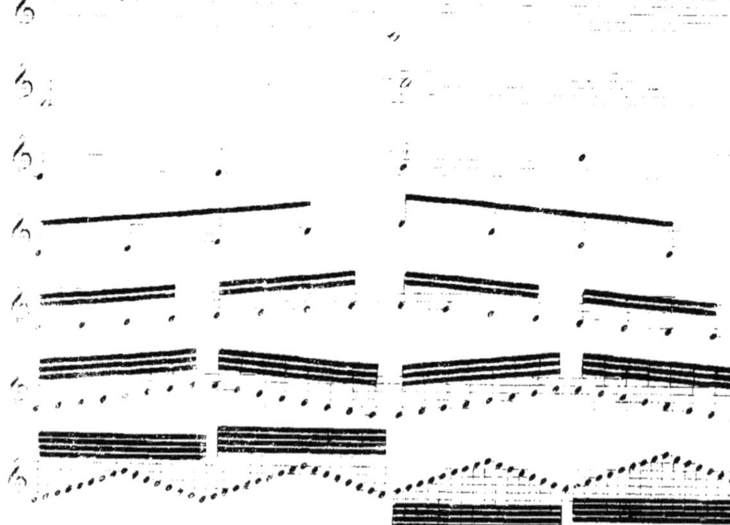

Il est inutile de faire remarquer qu'en augmentant toujours le chiffre de *l'unité de mesure*, on finit par arriver à un point où la rapidité du mouvement rend impossible l'exécution des ♪ et ♪.

Dans les combinaisons des sons, les différentes durées conservent toujours entre elles une proportion déterminée. Cette proportion, qu'on appelle *rhythme*, est un des principes fondamentaux de la musique.

Observer exactement le rhythme en exécutant un morceau, c'est chanter, jouer en *mesure*. Plus tard, dans un chapitre spécial, nous donnerons à ce sujet les développements qu'il exige

TABLEAU SYNOPTIQUE DES DURÉES, AVEC LEURS DIVISIONS ET SUBDIVISIONS.

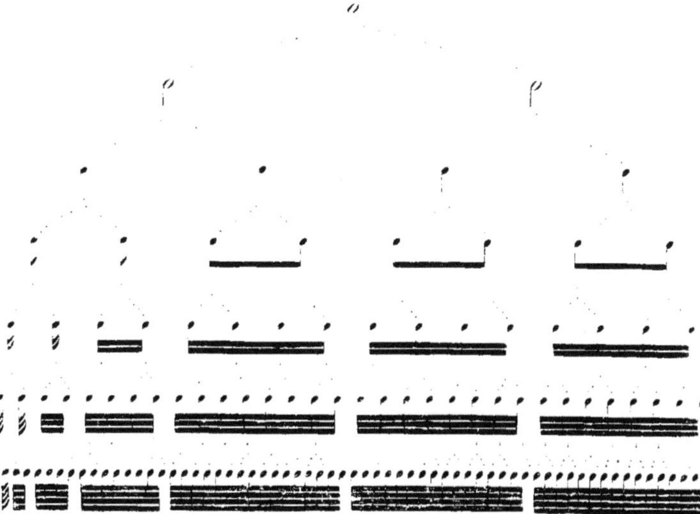

Toutes ces divisions se comptent, comme on voit, par nombres pairs, deux, quatre, huit, seize, trente-deux et soixante-quatre.

Les durées peuvent aussi se combiner par nombres impairs : on divise, par exemple, la ♩ en trois ♪, dont la durée équivaut à celle de la ♩.

On range les croches par *triolets*, c'est-à-dire par groupes de trois, et on place un 3 au-dessus ou au-dessous de chaque groupe :

Ainsi, pour la valeur de la ♩, il faut deux triolets de ♪, quatre triolets de ♬, huit triolets de ♬.

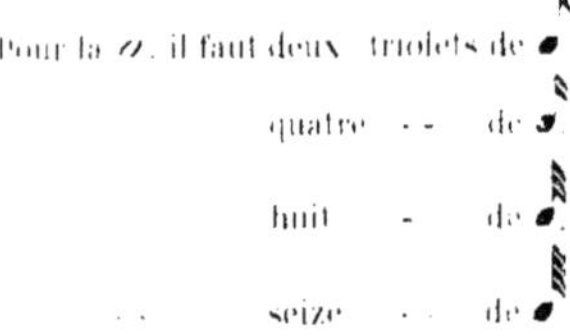

Quatre triolets de ♪, huit triolets de ♬, seize de ♬, et trente-deux de ♬ équivalent à la 𝅝.

Le triolet de ♩ équivaut à la 𝅗𝅥.

Quant au triolet de 𝅗𝅥, il ne se rencontre presque jamais.

On peut former en outre des groupes de cinq, de six, sept, neuf, dix, etc.

Les groupes de cinq, de six et de sept se composent:

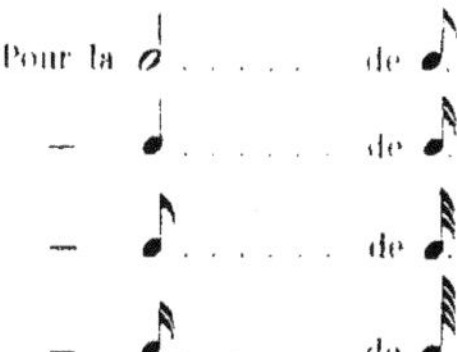

Les groupes de neuf, de dix, douze, treize, quatorze et quinze se forment

A partir du chiffre *dix-sept* jusqu'à *trente-et-un*, inclusivement, les groupes ne s'appliquent qu'à la 𝅝 ou à la 𝅗𝅥.

Pour la 𝅝, ils se forment de 𝅘𝅥𝅯, et pour la 𝅗𝅥, de 𝅘𝅥𝅰

A partir de *trente-trois* jusqu'à *soixante-trois*, on compose les groupes, pour la 𝅝, de 𝅘𝅥𝅰, et pour la 𝅗𝅥, de 𝅘𝅥𝅱

A mesure que le nombre des notes augmente dans les groupes, ils deviennent plus rares dans la musique vocale

EXEMPLES DES GROUPES USITÉS.

Les *groupes reguliers*, qui sont de *deux*, *trois*, *quatre*, *six* et *huit*, sont le plus usités; les autres s'emploient moins souvent.

Nous ne donnons pas de solféges dans notre ouvrage, qui n'est qu'un exposé élementaire de la théorie musicale, et qui pourra s'appliquer à toute espèce d'enseignement pratique. D'ailleurs, les solféges suivants, qui ont toujours guidé le Directeur et le Comité d'Enseignement du Conservatoire de Musique à Paris, ne laissent rien à désirer, et nous ne saurions trop les recommander aux professeurs.

Solfége du Conservatoire
— d'Italie
— de Rodolphe.
— de Chérubini.
— de Chelard.
— de Garaudé.
— de Catrufo.
— de Panseron.

CHAPITRE X.

PROLONGATION DE LA DURÉE.

Prolonger la durée, c'est ajouter à une note une ou plusieurs des valeurs qu'elle renferme.

Ainsi, la 𝅝, qui se compose de 𝅗𝅥, ♩, ♪, 𝅘𝅥𝅯, 𝅘𝅥𝅰 et 𝅘𝅥𝅱, peut se prolonger d'une ou de plusieurs de ces notes.

Il en est de même

La 𝅘𝅥𝅱 ne se prolonge point; au-delà de cette durée, on n'admet plus de subdivision, parce que, comme nous l'avons fait remarquer plus haut, la rapidité du mouvement rend les notes inexécutables.

Quand une durée est prolongée de la moitié de sa valeur, c'est-à-dire, lorsque la 𝅝 est prolongée d'une 𝅗𝅥; la 𝅗𝅥 d'une 𝅘𝅥; la 𝅘𝅥 d'une 𝅘𝅥𝅮, etc., on met un *point* à droite de la note

Si la note ainsi prolongée est en outre augmentée du quart de la durée principale, c'est-à-dire si la 𝅝 se prolonge d'une 𝅗𝅥 plus une 𝅘𝅥; la 𝅗𝅥 d'une 𝅘𝅥 plus une 𝅘𝅥𝅮; la 𝅘𝅥 d'une 𝅘𝅥𝅮 plus une 𝅘𝅥𝅯, etc., on place un second *point* auprès du premier

Toute autre prolongation, comme par exemple lorsque la 𝅝 est prolongée d'une 𝅘𝅥; la 𝅗𝅥 d'une 𝅘𝅥𝅮; la 𝅘𝅥 d'une 𝅘𝅥𝅯, etc., se marque par la *liaison* ⁀ ou ‿

Il y a certaines prolongations dont on ne peut indiquer au juste la valeur; ces cas exceptionnels se rencontrent le plus souvent dans les chants religieux, où le sentiment exige quelquefois que l'on s'arrête sur une note, et qu'on lui donne une durée qu'elle n'a point par elle-même. Ces prolongations se marquent par le *point-d'orgue*: 𝄐 ou 𝄑, qu'on place au-dessus ou au-dessous des notes

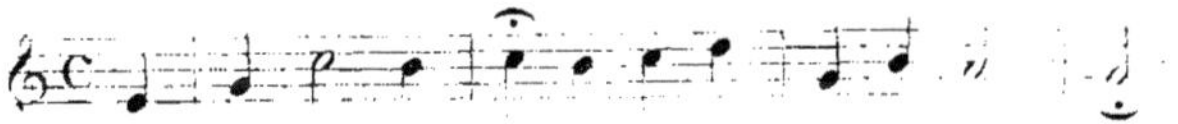

CHAPITRE XI.

DE LA MESURE OU DE LA COMBINAISON DES NOTES

Les notes peuvent se combiner d'une infinité de manières, mais il faut que toutes les combinaisons reposent toujours sur une *mesure déterminée*, qui doit être une des valeurs suivantes :

Les lignes perpendiculaires qui traversent la portée et séparent les combinaisons de notes, sont les *barres de mesure*.

Tout morceau a pour base de sa division rhythmique, une de ces mesures : si c'est celle de deux ♩, les notes comprises entre deux barres, doivent être combinées de manière à former la valeur de deux ♩. Si c'est la mesure de trois ♩, les notes entre deux barres forment la valeur de trois ♩. Ainsi de suite.

EXEMPLES DES DIFFÉRENTES MESURES:

D'ordinaire, la mesure d'un morceau reste la même depuis le commencement jusqu'à la fin. Si, par exception, elle subit un changement, on a soin de l'indiquer.

EXEMPLE :

Nous n'avons donné que les sept mesures les plus généralement usitées. Avec ces mesures, on peut en composer une infinité d'autres ; nous n'en parlons pas ici, parce que, à notre avis, elles ne doivent point faire partie du cours élémentaire.

CHAPITRE XII.

DU MOUVEMENT.

Le mouvement est le degré de vitesse ou de lenteur dans l'exécution des notes qui constituent la mesure.

Marquer le mouvement avec la main, le pied, ou avec une baguette, c'est *battre la mesure*; on peut aussi se borner à la compter.

Les figures ci-après indiquent la direction des coups qu'on doit frapper pour les diverses mesures. Comme chaque coup forme un temps, on dit, suivant le nombre des coups : mesure à *un temps*, mesure à *deux temps*, mesure à *trois temps*, etc.

MESURE DE DEUX ♩ — A DEUX TEMPS.

2
ARSIS
0
THESIS
1

Soit zéro le point de départ.

Pour le premier temps, on frappe un coup perpendiculaire, du haut *en bas*: c'est la *thésis* (abaissement).

Pour le second temps, on frappe un coup perpendiculaire du bas en haut: c'est l'*arsis* (élévation).

En tête de tout morceau, on écrit le chiffre du métronome, précédé de la note pour laquelle on compte un temps. Ainsi, lorsque la mesure est de deux ♩ et à deux temps, on fait précéder ce chiffre de la ♩

EXEMPLE:

(Exercez l'élève à battre la mesure pendant l'exécution des exemples que vous lui faites entendre.)

MESURE DE DEUX NOIRES ♩ — A QUATRE TEMPS :

Lorsque le mouvement de la mesure de deux ♩ est très lent, on préfère la battre à quatre temps, c'est-à-dire qu'on compte quatre ♪ pour deux ♩. Le chiffre du métronome est alors précédé de la ♪.

DIRECTION DES QUATRE COUPS.

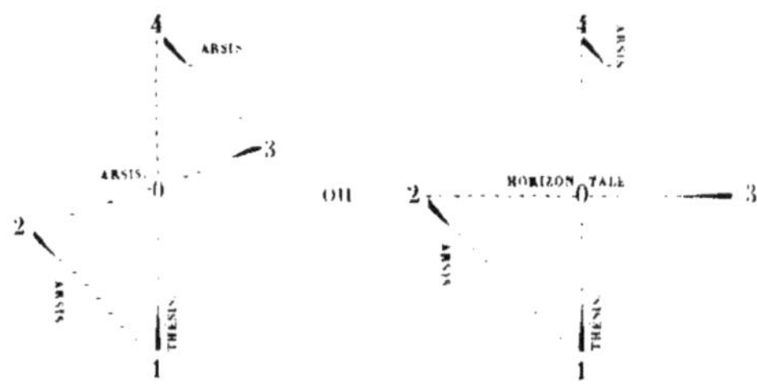

1° *Thésis.*

2° *Arsis* oblique à gauche.

3° Coup oblique ou horizontal de gauche à droite.

4° Coup oblique vers le haut à gauche.

MESURE DE DEUX ♩ — A UN TEMPS.

On ne fait qu'une *thesis* pour la mesure de deux ♩, si le mouvement est très rapide. Chaque coup équivaut alors à une 𝅗𝅥, c'est-à-dire à une mesure entière. Dans ce cas, on fait précéder le chiffre du métronome de la 𝅗𝅥.

MESURE DE TROIS ♩ — A TROIS TEMPS.

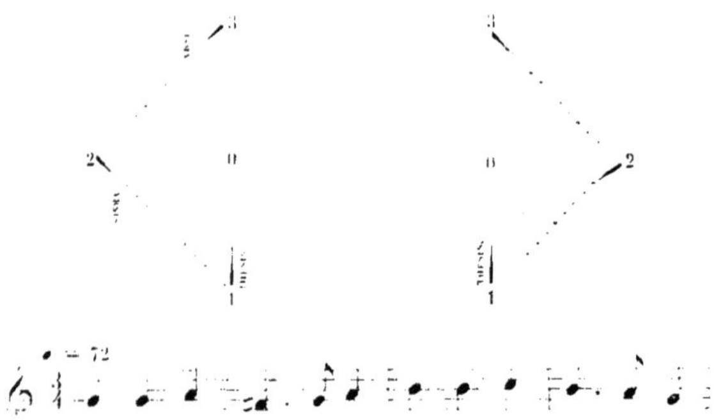

MESURE DE TROIS ♩ A SIX TEMPS.

La mesure de trois ♩ à six temps se bat de différentes manières ; nous n'en adoptons que deux, dont voici les figures :

MESURE DE QUATRE ♩ A QUATRE TEMPS.

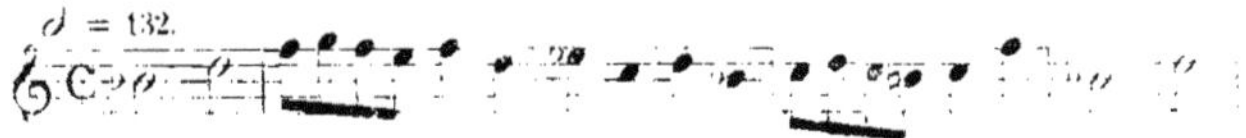

MESURE DE QUATRE ♩ A DEUX TEMPS.

𝅗𝅥 = 132.

MESURE DE QUATRE ♩ — A UN TEMPS.

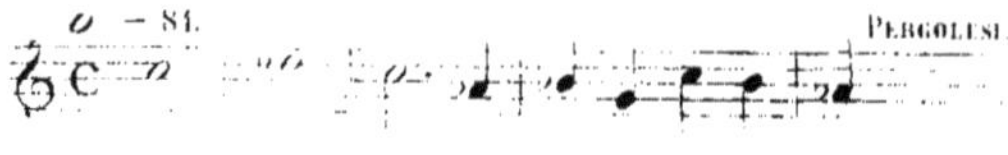

MESURE DE TROIS ♪ — A TROIS TEMPS.

MESURE DE TROIS ♪ — A UN TEMPS.

MESURE DE SIX ♪ — A SIX TEMPS.

MESURE DE SIX ♪ — A DEUX TEMPS.

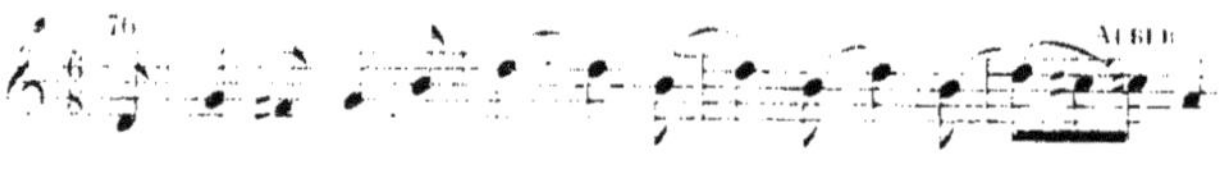

La mesure de neuf ♪ se compte à trois temps, et celle de douze ♪ à quatre temps : trois ♪ par temps.

EXEMPLES :

♩. = 84. HENSELT.

TABLEAU SYNOPTIQUE DES DIFFÉRENTES MESURES DE TEMPS.

Mesure de deux	♩ . .	$\frac{2}{4}$	=	à deux temps . .	une	♩	par temps.
———	. . .	—	=	à quatre — . . .	une	♪	——
———	. . .	—	=	à un — . . .	deux	♩	——
Mesure de trois	♩ . . .	$\frac{3}{4}$	=	à trois temps . . .	une	♩	par temps.
———	. . .	—	=	à six — . . .	une	♪	——
———	. . .	—	=	à un — . . .	trois	♩	——
Mesure de quatre	♩ . .	C	=	à quatre temps . .	une	♩	par temps.
———	. . .	₵	=	à deux — . .	deux	♩	——
———	. . .	₵	=	à un — . .	quatre	♩	——
Mesure de trois	♪ . . .	$\frac{3}{8}$	=	à trois temps . .	une	♪	par temps.
———	. . .	—	=	à un — . .	deux	♪	——
Mesure de six	♪ . . .	$\frac{6}{8}$	=	à six temps . .	une	♪	par temps.
———	. . .	—	=	à deux — . . .	trois	♪	——
Mesure de neuf	♪ . .	$\frac{9}{8}$	=	à trois temps . .	trois	♪	par temps.
Mesure de douze	♪ . .	$\frac{12}{8}$	=	à quatre temps . .	trois	♪	par temps.

CHAPITRE XIII.

DES NUANCES DU MOUVEMENT.

Ce que nous entendons ici par *nuances*, ce sont les différents degrés dans la lenteur ou dans la vitesse du mouvement.

Pour désigner ces nuances, on emploie des termes italiens dont voici la nomenclature.

Largo ou *Lento*	Large, lent.
Larghetto . . .	Un peu moins lent que *largo*
Adagio .	Un peu moins lent que *larghetto*
Grave . .	Grave.
Andante . . .	Moins lent qu'*adagio*.
Andantino . .	Un peu plus vite qu'*andante*.
Moderato . . .	Modéré.
Allegretto	Un peu plus vite que *moderato*.
Allegro	Vite, rapide.
Presto	Très rapide.
Prestissimo	Le plus rapide possible

APPLICATION:

etc.

Quant aux nuances dans l'accélération ou le ralentissement du mouvement, on les indique par les termes suivants :

Accelerando . .	En accélérant le mouvement
Stringendo	En pressant le mouvement
Più mosso . .	Plus vite, plus animé.
Stretto ou *Alla stretta* . . .	En serrant le mouvement.
Rilasciando	En relâchant le mouvement.
Ritenuto — *rit*	En retenant.
Ritardando — *ritard*. . .	En retardant

Pour arrêter l'effet de ces termes et marquer le retour du mouvement primitif, on écrit : *tempo primo*, ou *in istesso tempo*, ou *a tempo*.

APPLICATION :

CHAPITRE XIV.

DES SILENCES.

De même que dans le discours, la voix observe aussi dans le chant des silences plus ou moins longs.

Ces silences contribuent à compléter l'expression du sentiment musical ; on ne pourrait les supprimer, ni les déplacer dans un morceau, sans en altérer profondément le caractère ; soumis aux lois du rhythme, ils ont la même durée que les sons.

Le silence dont la durée équivaut à la 𝅝, est la pause. . . . . 𝄻

— — — à la 𝅗𝅥, — la demi-pause . . . 𝄼

— — — à la 𝅘𝅥, — le soupir. . . . . 𝄽 ou 𝄾

— — — à la 𝅘𝅥𝅮, — le demi-soupir. . . 𝄾

— — — à la 𝅘𝅥𝅯, — le quart de soupir . . 𝄿

— — — à la 𝅘𝅥𝅰, — le huitième de soupir 𝅀

— — — à la 𝅘𝅥𝅱, — le seizième de soupir 𝅁

Pour la prolongation des silences, on emploie les mêmes signes que pour celle des notes; ces signes sont, comme on sait, le *point* et le *point-d'orgue*.

EXEMPLES :

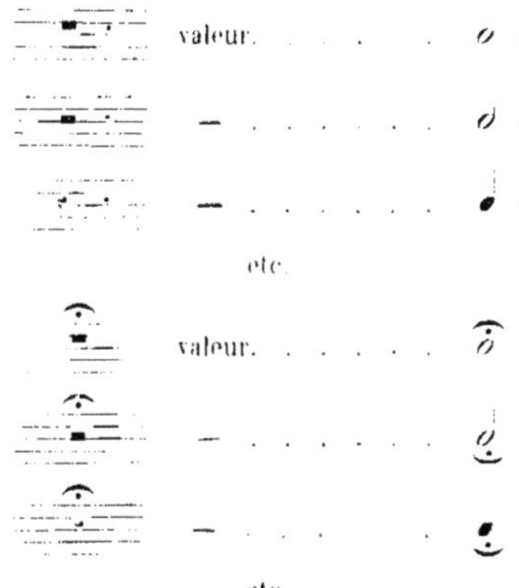

On a adopté la *pause* comme signe général pour tout silence d'une mesure entière, quelle qu'en soit la valeur : de deux ♩., trois ♩., quatre ♩., etc.

EXEMPLES :

Dans les morceaux d'ensemble, à orchestre, certains instruments ne se font entendre qu'à de longs intervalles. Pour ces sortes de silences, on emploie la *double-pause* et la *quadruple-pause* (bâtons de mesure) :

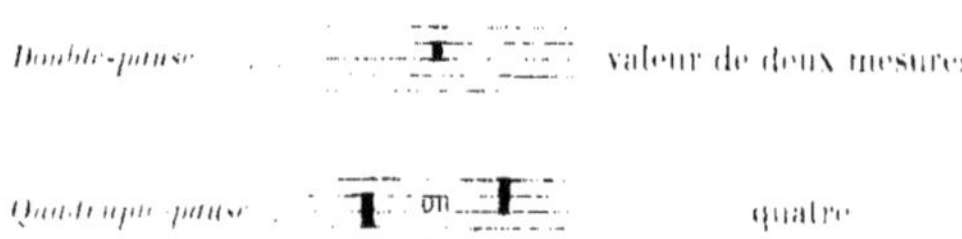

Ces deux signes suffisent, avec la pause simple, pour tous les silences depuis cinq jusqu'à seize mesures.

EXEMPLES :

Quand les silences dépassent quinze mesures, on les note ainsi qu'il suit :

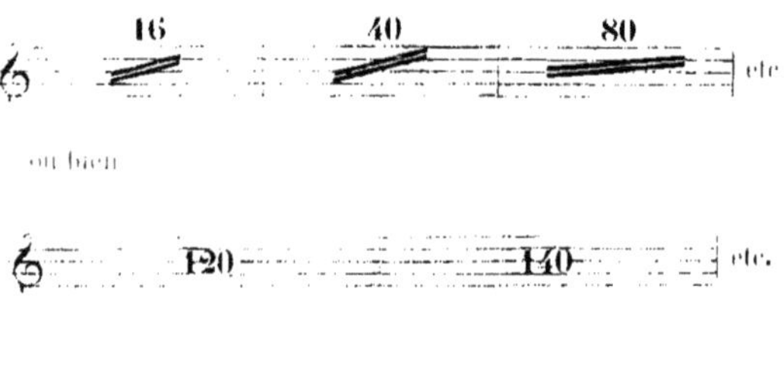

CHAPITRE XV.

DES NUANCES DE L'ACCENT.

DU STACCATO ET DE LA LIAISON.

Ce que nous entendons ici par *nuances*, ce sont les différents degrés de force ou de douceur qui modifient l'accent musical.

Ces nuances, portant sur une note isolée ou sur un passage, sont tantôt immédiates, déterminées, tantôt successives.

On désigne les premières par les termes italiens dont voici la nomenclature, avec les abréviations généralement adoptées

Mezzo piano	*MP*	modérément faible
Piano	*P*	faible
Pianissimo	*PP*	très faible
Piano pianissimo	*PPP* . .	le plus faible possible.
Poco forte	*Poco F.* .	un peu fort.
Mezzo forte	*MF* . .	modérément fort.
Forte	*F*	fort.
Fortissimo	*FF* . .	très fort.
Forte fortissimo	*FFF* .	le plus fort possible.

EXEMPLES :

L'effet du signe, placé à la première note d'un passage, s'étend également à toutes les notes dont il se compose.

Les termes qu'on emploie pour indiquer la modification successive des nuances sont :

Crescendo	*cres.* ou *cr.*	en augmentant de force par degré.
Rinforzando	*rinf.* ou *rfz*	en renforçant.
Decrescendo	*decres.*	avec une force decroissante.
Diminuendo	*dimin.* ou *dim.*	en diminuant.
Calando	*cal.*	en décroissant.
Mancando	*mancand.*	en s'éteignant.
Morendo	*morend.*	en mourant.
Perdendosi	*perdend.*	en laissant mourir le son.

Au lieu de *cres.* ou de *decres.*, on ne met souvent que les signes suivants :

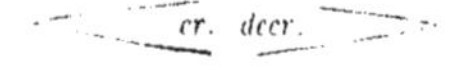

EXEMPLES :

Il y a deux termes qui ne s'appliquent qu'aux notes isolées.

Vibrato . . . . en faisant vibrer le son.
Sforzando, *sfz* . . . . en donnant tout d'un coup plus de force

EXEMPLES :

L'accent > indique qu'il faut appuyer sur la note :

Il nous reste à parler du *legato* (coulé), et du *staccato* (détaché).

Pour le *legato*, on se sert de la liaison (⁀) :

Lorsque cette nuance affecte des passages d'une certaine étendue, ou un chant tout entier, il suffit d'écrire le mot *legato* au commencement du passage ou du morceau.

Le *staccato*, selon qu'il est plus ou moins marqué, s'indique par un point allongé ꞌ ou par un point rond ·

Quand la note a le point allongé, le *staccato* est plus marqué que lorsqu'elle a le point rond.

Les notes qui prennent simultanément le point rond et la liaison, doivent être rendues d'une voix entrecoupée, sanglotante :

CHAPITRE XVI.

VOIX DE CONTRALTO, DE TENOR ET DE BASSE.

ECHELLE DU CONTRALTO.

Dans l'échelle du *contralto*, la note sur la troisième ligne, qui est enserrée par la clef, s'appelle *ut*, et correspond à l'*ut* grave ( ) de soprano.

C'est sur cette note que se règle la dénomination des notes suivantes dans l'échelle.

L'intervalle du *fa* grave de contralto, à l'*ut* grave de soprano, comprend six notes intermédiaires.

ECHELLE DU TENOR

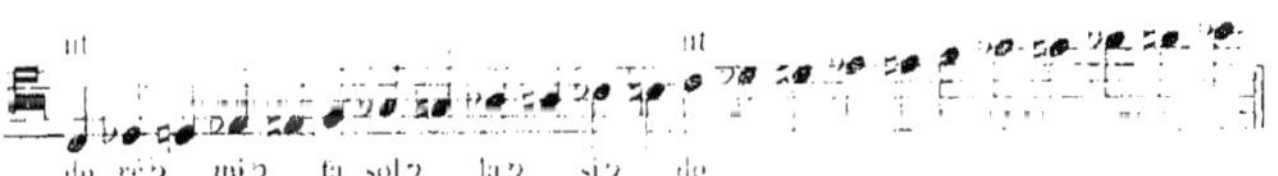

L'*ut* sur la quatrième ligne correspond à l'*ut* grave de soprano.

Ainsi, la voix de *tenor* commence douze notes plus bas que la voix de soprano.

ECHELLE DE LA BASSE

L'*ut* de *basse*, au dessus de la portée, correspond à l'*ut* grave de soprano.

Du *fa* grave de *basse* à l'*ut* grave de soprano, il y a dix-huit notes intermédiaires.

ECHELLE DU SOPRANO, ECRITE A LA *CLEF D'UT*

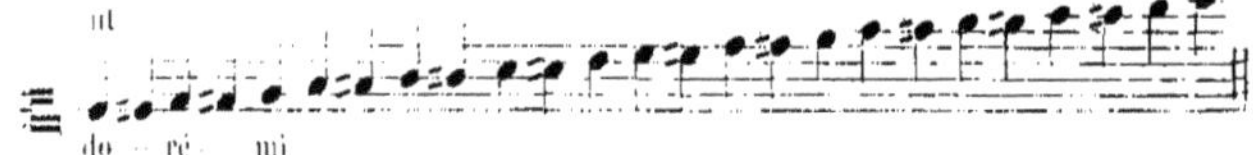

ECHELLE DU MEZZO-SOPRANO.

La voix dite *mezzo-soprano* commence trois notes plus bas que la voix de soprano dont elle atteint le *sol* aigu.

ECHELLE DU BARYTON

La voix de *baryton* tient le milieu entre la *basse* et le *ténor*; elle part du *si* ♭ grave de basse, et monte jusqu'au *fa* grave de soprano :

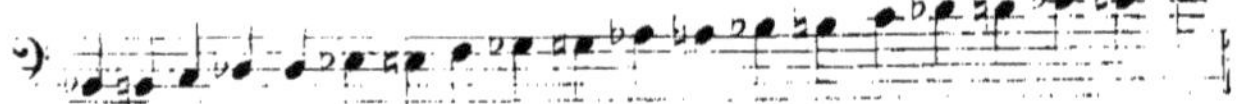

CHAPITRE XVII.

EMPLOI DES CLEFS POUR LES INSTRUMENTS.

L'emploi des clefs pour les instruments dépend du degré de gravité ou d'acuité des sons qu'ils produisent.

Ainsi on se sert de la *clef de sol* pour:

Le *Violon*,
La *Flûte*,
Le *Hautbois*,
La *Clarinette*,
Le *Cor anglais*,
Le *Cor*,
La *Trompette*, et le *Cornet*.

Ce sont les instruments qui produisent les sons les plus aigus.

Par la raison contraire, la *clef de basse* est en usage pour:

Le *Violoncelle*,
La *Contrebasse*,
Le *Basson*,
Le *Trombone-basse*,
L'*Ophicléide*.

Les instruments intermédiaires sont la *Viole l'alto* et le *Trombone-alto* dont la musique s'écrit à la *clef d'alto*, et enfin le *Trombone-ténor* pour lequel on emploie la *clef de ténor*.

On écrit la musique de *piano* sur deux portées à la fois, chacune avec une clef différente, celles de *sol* et de *fa*; il en est de même pour la musique d'*orgue* et de *harpe*.

PIANO.

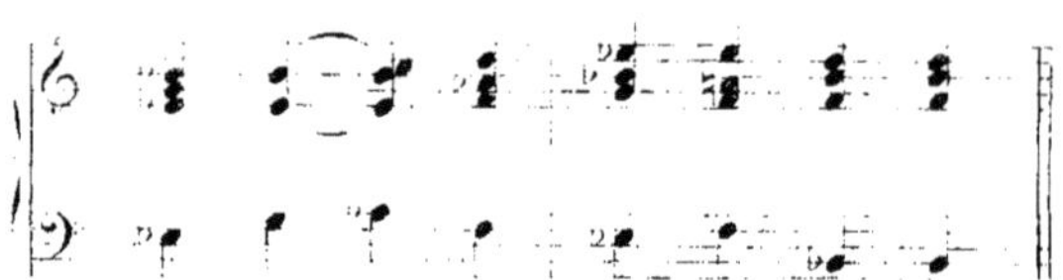

ORGUE.

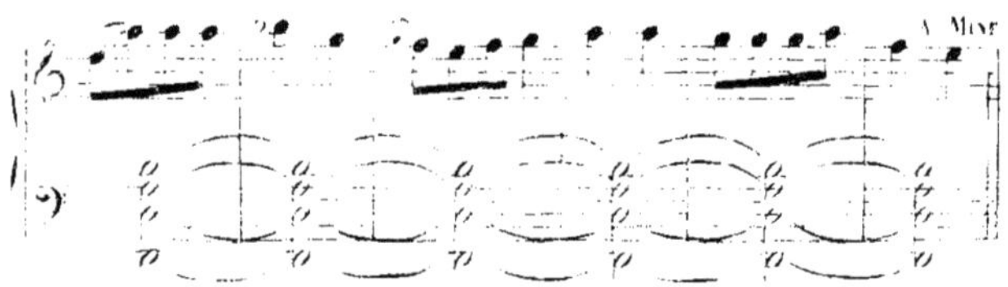

HARPE.

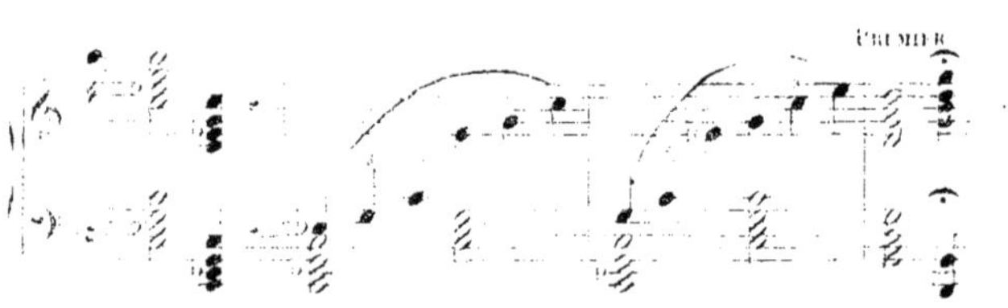

Le dessus, c'est-à-dire la partie sur la portée supérieure, comprend les sons aigus; c'est pour cela qu'il a la clef de *sol*; on le joue d'ordinaire de la main droite. L'autre partie, qui est la basse, a la clef de *fa*, et s'exécute de la main gauche.

Dans la musique de piano à quatre mains, qui a deux dessus et deux parties de basse, on emploie simultanément deux clefs de *sol* et deux clefs de *fa* :

CHAPITRE XVIII.

DU PIANO.

De tous les instruments, c'est le *Piano* qui a l'échelle la plus étendue.

La facilité avec laquelle on peut produire les sons du Piano, l'avantage qu'offre cet instrument de pouvoir faire entendre simultanément plusieurs parties, formant une musique d'ensemble, lui ont valu une popularité universelle que les autres instruments n'ont pas pu obtenir, quoiqu'ils méritassent la préférence sous le rapport de la *sonorité*.

ECHELLE DU PIANO

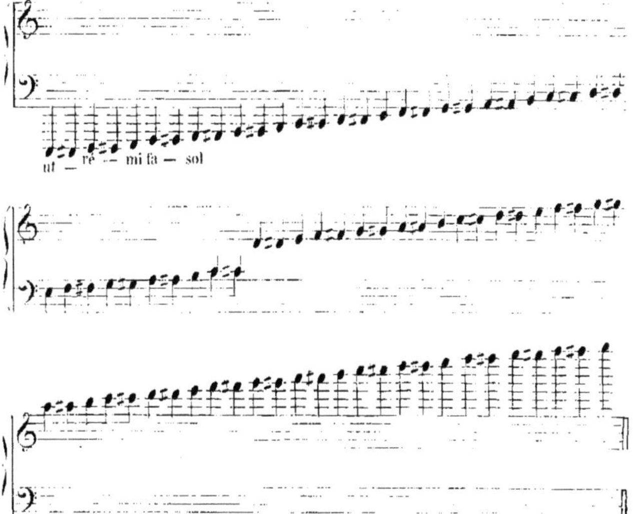

L'echelle du piano s'etend bien au-delà de celle de la voix qu'elle depasse de vingt-trois notes à l'aigu, et de dix-sept notes au grave : en tout, elle embrasse quatre-vingt-quatre notes. Les touches par lesquelles ces notes sont rendues en portent les noms, et se divisent egalement en séries de douze, savoir : *ut*, *ut* ♯, *ré*, *ré* ♯, *mi*, *fa*, *fa* ♯, *sol*, *sol* ♯, *la*, *la* ♯, *si*, ainsi de suite

Les touches noires correspondent aux notes dieses et bemolisees, dont elles prennent tour a tour les noms.

Nous nous reservons de parler des autres instruments à la fin de l'ouvrage

CHAPITRE XIX.

ÉTUDE DES NOTES.

On apprendra facilement à lire et à écrire les notes dans les différentes positions, en se guidant sur les indications suivantes:

1° Se familiariser avec la série des notes simples, à la clef de *sol*, depuis l'*ut* grave jusqu'au *la* aigu.

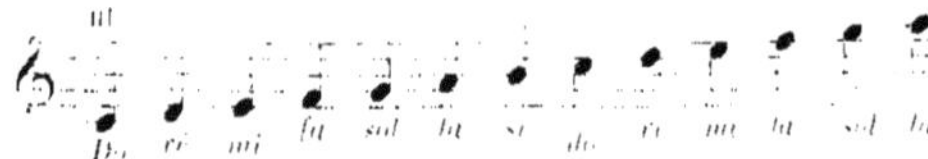

2° Quand les noms de ces notes seront connus, on passera aux séries suivantes.

On se rappellera que :

A L'AIGU :

Au-dessus de la portée, *sol* à un trait . . . . *si*.
— — — à deux traits . . . . . *ré*.
— — — à trois — . . . . . *fa*.
— — — à quatre — . . . . . *la*.
— — — à cinq — . . . . . *ut*.
— — — à six — . . . . . *mi*.
— — — à sept — . . . . . *sol*.
— — — à huit — . . . . . *si*.
— — *la* à un trait . . . . *ut*.
— — — à deux traits . . . . *mi*.
— — — à trois — . . . . . *sol*.
— — — à quatre — . . . . *si*.
— — — à cinq — . . . . . *ré*.
— — — à six — . . . . . *fa*.
— — — à sept — . . . . . *la*.

AU GRAVE :

Au-dessous de la portée, *ré* à un trait . . . . *si*.
— — — à deux traits . . . . . *sol*.
— — *do* à un trait . . . . . . *la*.
— — — à deux traits . . . . *fa*.

3° Passer aux notes diésées et bémolisées, qui dès lors ne présentent plus de difficulté :

A L'AIGU :

Au-dessus de la portée, *sol* ♯ à un trait . . . . *si* ♯.
— — — à deux traits . . . *ré* ♯.
— — — à trois — . . . *fa* ♯.
etc.
— — *la* ♯ à un trait . . . . . . *do* ♯.
— — — à deux traits . . . . . *mi* ♯.
— — — à trois — . . . . *sol* ♯.

Ainsi de suite.

On suivra le même procédé pour les notes des autres clefs.

On sait qu'à la clef de basse, les deux premières notes :

Au-dessous de la portée, sont . . . . . . *fa* et *mi*.
Au-dessus — . . . . . . *si* et *do*.

A la clef d'alto	au-dessous de la portée sont		*mi* et *ré*.
—	au-dessus	— .	*la* et *si*.
A la clef de ténor . .	au-dessous	— . .	*do* et *si*.
— . .	au-dessus	— . .	*fa* et *sol*
A la clef d'*ut* de soprano	au-dessous	— .	*si* et *la*.
—	au-dessus	— . .	*mi* et *fa*.

CHAPITRE XX.

DIVISION DES SONS.

Les sons de la voix se divisent en *graves*, *moyens* (medium) et *aigus*.

(Dans les exemples qui vont suivre, nous marquons la note grave d'un trait horizontal, la note moyenne d'un trait oblique, et la note aigue d'un trait perpendiculaire.)

ÉCHELLE DU SOPRANO.

Le soprano a, comme on voit :

Un *do* grave, moyen et aigu;
Un *ré* et *mi* graves et moyens;
Un *fa* et *sol* graves et aigus;
Un *la* et *si* moyens et aigus.

En suivant l'échelle, on arrive au *si* et au *la* graves du mezzo-soprano.

Quant aux notes diésées et bémolisées, elles sont comprises dans la même division, ainsi, il y a :

La ♯ grave, moyen et aigu ;
Ut ♯ grave, moyen et aigu ;
Ré ♯ grave et moyen ;
etc., etc.

ÉCHELLE DU CONTRALTO, DU TÉNOR ET DE LA BASSE.

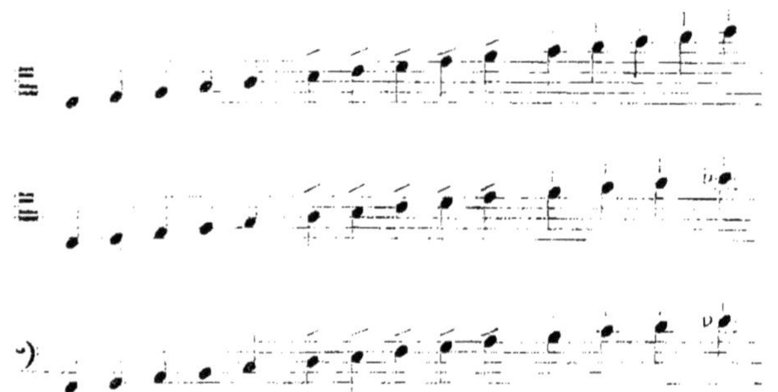

A partir du *do* aigu de soprano, les sons aigus des instruments sont :

Ré, *mi* aigus ;
Fa, *sol*, *la*, *si*, *do* suraigus ;
Contra-*ré*, *mi*, *fa*, *sol*, *la* et *si* aigus.

Quant aux notes au-dessous du *fa* grave de basse, ce sont :

Mi et *ré* graves ;
Do, *si*, *la*, *sol*, *fa* très graves ;
Contra *mi*, *ré*, *do* ou *ut* graves.

D'après cette division, on peut indiquer les sons sans avoir besoin de désigner la position ni les traits des notes.

CHAPITRE XXI.

DES GAMMES.

La musique, si prodigieuse que soit la variété de ses créations, ne repose que sur trois chants fondamentaux.

Le premier de ces chants s'écrit de deux manières.

Le second chant fondamental est noté ainsi.

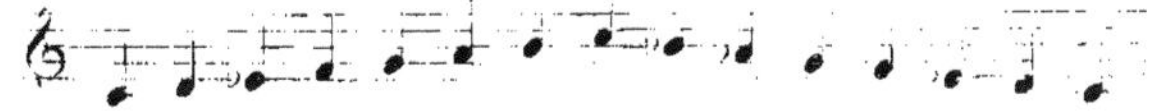

Ce chant a deux variantes :

Dans la première variante, il y a en montant l'échelle, au lieu de *la*, *la* ♭, et en la descendant, on prend *si* à la place de *si* ♭.

La différence qui existe entre les deux variantes, c'est que dans la seconde le *fa* est remplacé par le *fa* ♯.

TROISIÈME CHANT.

Ces trois chants s'appellent *gammes*, d'après la lettre Γ (*gamma*), qui dans l'échelle des Grecs marquait le *sol*.*

Faites écrire et exécuter les gammes.

Ce qui donne à chaque gamme son caractère propre, c'est la manière dont les notes se combinent entre elles.

D'après ce caractère, on les distingue par les noms de *gamme chromatique*, *gamme mineure*, *gamme majeure*.

Chromatique vient du grec *chrôma*, qui signifie couleur.

En musique, ce terme est pris dans le sens figuré : l'impression que produit sur l'oreille la variété des sons, a de l'analogie avec l'effet que la variété des couleurs produit sur la vue.

* *Jean-Jacques Rousseau* dit que la dénomination de *gamme* est *un nom barbare*.

On a recours au genre chromatique, toutes les fois qu'il s'agit de peindre les transports d'un cœur en proie à la passion ou à la douleur.

Le mode mineur a un caractère de tristesse, d'abattement, de mélancolie rêveuse.

Le mode majeur respire au contraire la vigueur et la fermeté; il est toujours empreint d'une certaine énergie, quels que soient les sentiments qu'il fait parler.

CHAPITRE XXII.

DES DEGRÉS DE L'ÉCHELLE. — NOMS POSITIONNELS DES NOTES.

Les treize notes de la gamme chromatique n'occupent que huit degrés sur la portée, parce que la note diésée ou bémolisée a la même position que la note ordinaire.

Par suite de cette disposition de l'échelle, on a donné aux notes les noms *positionnels* de : *prime* (première), *seconde*, *tierce*, *quarte*, *quinte*, *sixte*, *septime* (septième); et d'*octave*.

L'*ut*, sur le premier degré de l'échelle, est la *prime* (première).

L'*ut* ♯, se trouvant sur le même degré, mais marquant un son plus élevé, est la *prime élevée* (augmentée).

Second degré. — *Ré* — seconde; *Ré* ♯ — seconde élevée.

Le *ré* ♭ occupe également le second degré, mais comme c'est un son plus grave, on l'appelle *seconde baissée* (diminuée-mineure).

TROISIÈME DEGRÉ : *Mi* — tierce ; *Mi* ♭ — tierce baissée.

On n'admet pas de tierce élevée, parce qu'immédiatement après le *mi* vient le *fa*, qui se trouve sur le quatrième degré et qui est par conséquent la *quarte*.

Par la même raison, il ne peut pas y avoir non plus de *quarte baissée*.

Nous disons donc :

PREMIER DEGRÉ.	*Ut* —	prime.
	Ut ♯ —	prime élevée.
SECOND DEGRÉ.	*Ré* —	seconde.
	Ré ♯ —	seconde élevée.
	Ré ♭ —	seconde baissée.
TROISIÈME DEGRÉ.	*Mi* —	tierce.
	Mi ♭ —	tierce baissée.
QUATRIÈME DEGRÉ.	*Fa* —	quarte.
	Fa ♯ —	quarte élevée.
CINQUIÈME DEGRÉ.	*Sol* —	quinte.
	Sol ♯ —	quinte élevée.
	Sol ♭ —	quinte baissée.
SIXIÈME DEGRÉ.	*La* —	sixte.
	La ♯ —	sixte élevée.
	La ♭ —	sixte baissée.
SEPTIÈME DEGRÉ.	*Si* —	septime.
	Si ♭ —	septime baissée.
HUITIÈME DEGRÉ.	*Ut* —	octave.

L'octave, qui est la note finale de la gamme, vient immédiatement après la *septime*.

La *prime* et l'*octave* forment ensemble un accord si parfait, qu'on croit n'entendre qu'un même son. Cette *identité harmonique* les rend également propres à commencer et à terminer la gamme ; c'est pourquoi on leur a donné à toutes les deux le nom d'*ut*.

Dans la notation, on remplace les noms positionnels par les chiffres : 1, 2, 3, 4, 5, 6, 7 et 8, qu'on place au-dessus de la portée :

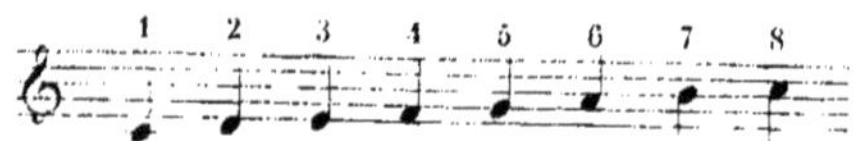

Nous mettons une croix (+) auprès des chiffres, pour marquer les degrés élevés, et un zéro (°), pour les degrés baissés :

CHAPITRE XXIII.

DE LA TRANSPOSITION.

La *transposition*, c'est le changement du *ton* : au lieu d'*ut*, on peut prendre toute autre note pour point de départ de l'échelle. Cette note se constitue alors *prime* et devient le *ton* de la gamme.

La série des notes continue jusqu'à l'*octave* de la *prime* en suivant l'ordre des degrés.

Dans la gamme de *ré*, par exemple :

La *prime élevée* serait . . . . . *Ré* ♯.
La *seconde* — . . . . *Mi*.
La *seconde élevée* — . . . . *Mi* ♯.
La *seconde baissée* — . . . . *Mi* ♭.
La *tierce* — . . . . *Fa* ♯.
La *tierce baissée* — . . . . *Fa*.
La *quarte* — . . . . *Sol*.
La *quarte élevée* — . . . *Sol* ♯.
La *quinte* — . . . *La*.
La *quinte élevée* — . . . . *La* ♯.
La *quinte baissée* — . . . . *La* ♭.
La *sixte* — . . . . *Si*.
La *sixte élevée* — . . . . *Si* ♯.
La *sixte baissée* — . . . . . . *Si* ♭.
La *septime* — . . . . *Ut* ♯.
La *septime baissée* — . . . . *Ut*.
L'*octave* — . . . . *Ré*.

EXEMPLE :

1 1+ 2 2+ 2° 3 3° 4 4+ 5 5+ 5° 6 6+ 6° 7 7° 8

Par l'effet de la *transposition*, chaque note de la gamme chromatique peut, tour à tour, prendre les différents noms positionnels.

Pour conserver dans l'échelle transposée l'ordre des degrés, on emploie également le ♯ pour le *mi* et le *si*, et le ♭ pour le *fa* et l'*ut*. C'est ainsi que dans la gamme de *ré*, comme on vient de le voir, il faut diéser le *mi* et le *si* pour avoir la *seconde* et la *sixte* élevées.

De même, il faut bémoliser, par exemple, l'*ut* et le *fa*, pour avoir la *seconde* et la *quinte* baissées dans la gamme de *si* ♭.

Dans les transpositions où les notes diésées et bémolisées occupent les principaux degrés de l'échelle, c'est-à-dire où elles figurent comme : 1, 2, 3, 4, 5, 6, 7, 8, on a recours au *double-dièse* (X), pour marquer les degrés élevés, et au *double-bémol* (♭♭) pour les degrés baissés.

Ainsi, pour avoir la *prime élevée* dans la gamme d'*ut* ♯, on remplace le ♯ de la *prime* par un X ; la note s'appelle alors *ut double-dièse* ; elle correspond au *ré*, qui devient la *seconde baissée* d'*ut* ♯. Le *ré* ♯ en est la *seconde*, et le *ré* X, la *seconde élevée*.

EXEMPLE DU DOUBLE-DIÈSE (X) :

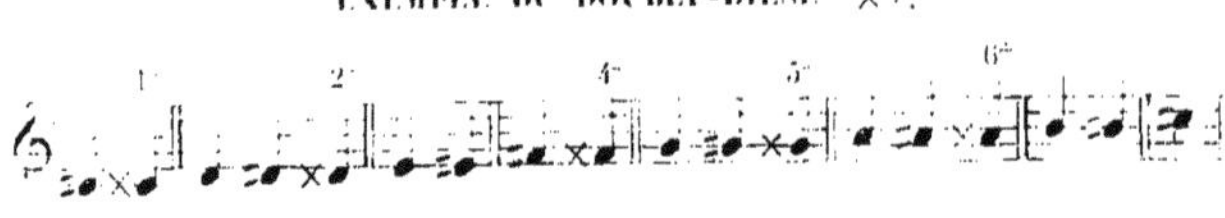

EXEMPLE DU DOUBLE-BÉMOL (♭♭) :

EXERCICES SUR LA TRANSPOSITION DE LA GAMME CHROMATIQUE.

RÈGLES A SUIVRE :

1° Ecrire l'échelle des deux manières indiquées : on se rappellera que la gamme chromatique se compose :

de la 1, 1+, 2, 2+, 3, 4, 4+, 5, 5+, 6, 6+, 7 et de l'octave.
ou de la 1, 2°, 2, 3°, 3, 4, 5°, 5, 6°, 6, 7°, 7 et de l'octave

2° Changer successivement de *clef*, afin d'acquerir la facilite d'ecrire les notes de toute espèce de voix et d'instruments.

EXERCICES SUR LA TRANSPOSITION DES GAMMES MAJEURE ET MINEURE.

On se rappellera que la gamme majeure se compose :

de la 1, 2, 3, 4, 5, 6, 7 et de l'octave.

Les transpositions de cette gamme sont :

en *sol*, en *ré*, en *la*, en *mi*, en *si*, en *fa* ♯, en *ut* ♯, en *fa*, en *si* ♭, en *mi* ♭, en *la* ♭, en *sol* ♭ et en *ut* ♭.

La gamme mineure se compose :

en montant — de la 1. 2. 3°. 4. 5. 6. 7 et de l'octave,
en descendant — de l'octave, 7°. 6°. 5. 4. 3°. 2 et de la 1.

PREMIÈRE VARIANTE :

en montant comme en descendant — 1. 2. 3°. 4. 5. 6°. 7. 8.

SECONDE VARIANTE :

en montant — 1. 2. 3°. 4+. 5. 6°. 7. 8 ;
en descendant — 8. 7. 6°. 5, 4. 3°. 2. 1.

Les transpositions de la gamme mineure sont :

en *la*, en *mi*, en *si*, en *fa* ♯, en *ut* ♯, en *sol* ♯, en *ré* ♯, en *la* ♯, en *ré*, en *sol*, en *fa*, en *si* ♭, en *mi* ♭ et en *la* ♭.

Pour simplifier la notation des gammes majeure et mineure transposées, on place les ♯ ou les ♭ au commencement de la portée, après la *clef*, dans la position des notes auxquelles ils se rapportent. On appelle cela : *armer les gammes*.

L'armure des gammes mineures se compose toujours des ♯ ou des ♭ qui se trouvent dans l'échelle descendante :

En ré.
En sol.
En ut.
En fa.
En si ♭.
En mi ♭.
En la ♭.

CHAPITRE XXIV.

DES INTERVALLES.

Dans le chapitre des gammes, nous avons déjà eu occasion de faire remarquer que les notes, lorsqu'elles ne se succèdent pas dans l'ordre chromatique, laissent entre elles des intervalles. Ainsi, dans la gamme majeure :

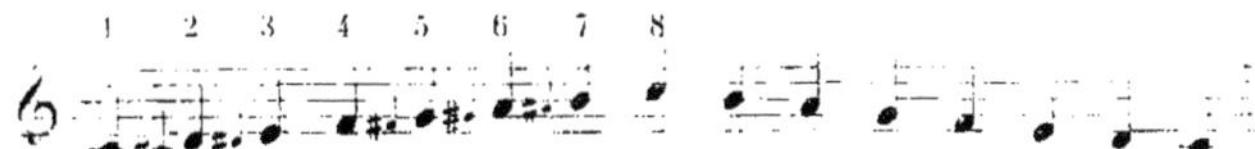

Il y a un intervalle :

Entre la 1 et la 2.
— 2 — 3.
— 4 — 5.
— 5 — 6.
— 6 — 7.

Cet intervalle résulte de l'omission de la *prime*, *seconde*, *quarte*, *quinte et sixte* élevées.

INTERVALLES DANS LA GAMME MINEURE.

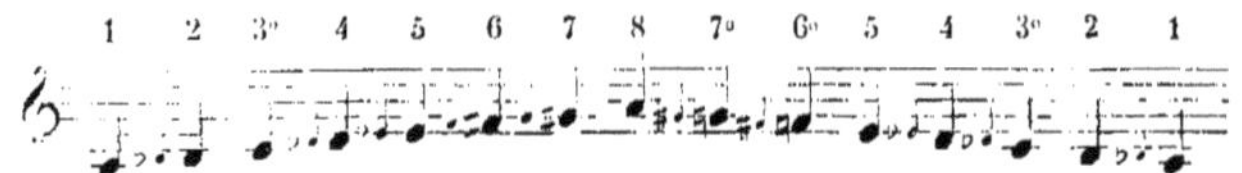

INTERVALLES DANS LES VARIANTES.

Dans les morceaux de musique, les notes suivent rarement l'ordre de l'échelle; leurs combinaisons dépendent alors de l'inspiration du sentiment musical, et il en résulte que les intervalles y deviennent plus grands que dans les gammes.

EXEMPLE:

On distingue les différentes combinaisons d'intervalles par les noms positionnels des notes; ainsi le passage suivant, où les notes se succèdent par degrés conjoints, est une combinaison par *secondes:*

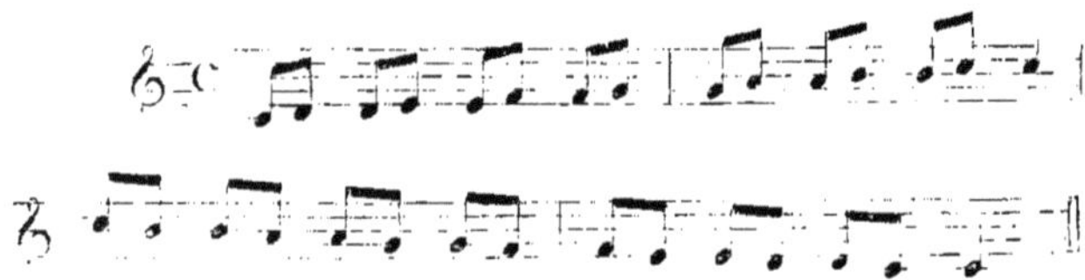

COMBINAISON PAR TIERCES.

COMBINAISON PAR QUARTES.

La combinaison *suivie* par *quartes* s'emploie principalement dans la musique instrumentale :

COMBINAISON PAR QUINTES.

La combinaison par *quintes* n'est usitée qu'alternativement avec d'autres intervalles :

COMBINAISON PAR SIXTES.

La combinaison *suivie* par *sixtes* ne se rencontre que dans la musique instrumentale :

COMBINAISON PAR SEPTIMES.

On doit toujours faire alterner la combinaison par *septimes* avec d'autres intervalles :

COMBINAISON PAR OCTAVES.

La combinaison *suivie* par *octaves* est en usage dans la musique instrumentale :

INTERVALLES DE NEUVIÈMES.

INTERVALLES DE DIXIÈMES.

INTERVALLES DE ONZIÈMES.

INTERVALLES DE DOUZIÈMES.

INTERVALLES DE TREIZIÈMES.

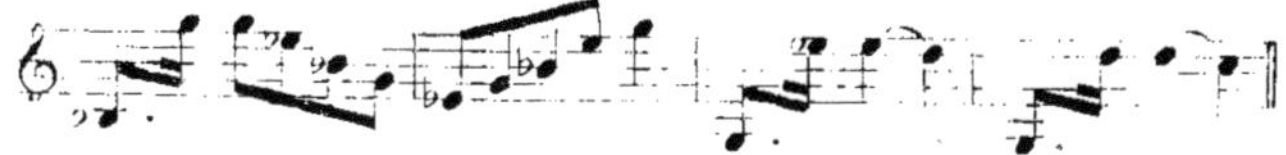

INTERVALLES DE QUATORZIÈMES ET DE QUINZIÈMES.

La limite où nous venons de nous arrêter, peut être dépassée de beaucoup dans la musique instrumentale; nous n'entrons pas dans de plus longs développements à ce sujet, ce sont des détails d'exécution auxquels on s'initie peu à peu par la pratique des instruments.

CHAPITRE XXV.

DU RHYTHME. — DE LA COUPE RHYTHMIQUE.

DE LA MÉLODIE.

Ainsi que nous l'avons dit plus haut, les durées conservent toujours entre elles une proportion déterminée, et c'est cette proportion qu'on appelle le *rhythme*.

Selon la valeur respective des notes, c'est-à-dire, selon que les durées sont de valeur égale ou inégale, le rhythme est régulier ou irrégulier.

EXEMPLES:

RHYTHME RÉGULIER.

RHYTHME IRRÉGULIER.

RHYTHME TOUR A TOUR RÉGULIER ET IRRÉGULIER.

Le rhythme régulier s'emploie rarement seul; c'est l'emploi alternatif des deux rhythmes qui donne à la musique de la variété et du charme.

Toute combinaison de notes, renfermant un *motif*, un sens musical, est une *coupe rhythmique*.

EXEMPLE:

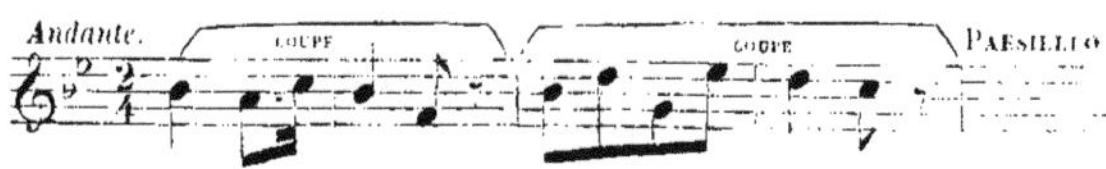

La succession des coupes dans un morceau est d'ordinaire soumise à la loi suivante :

La seconde coupe doit avoir la valeur de la première ;

Le même rapport d'égalité existe entre la troisième et la quatrième ;

La troisième coupe peut avoir la durée des précédentes, ou le double de leur valeur ; ainsi de suite. Cette loi n'est pas toutefois tellement générale et absolue qu'elle ne souffre des exceptions.

EXEMPLES :

COUPES DE VALEUR ÉGALE.

COUPES DE VALEUR INÉGALE.

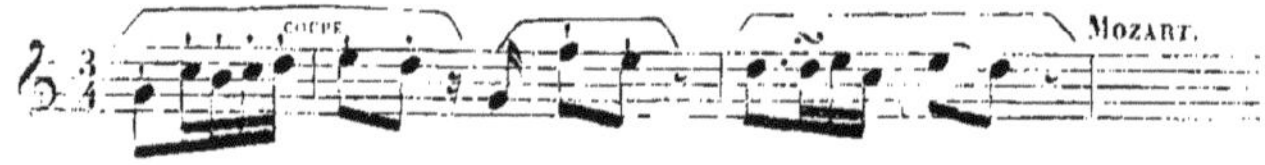

Lorsque les coupes sont séparées par des silences, il est facile de distinguer le point de repos (point final) de chaque motif; tandis que pour le reconnaître quand les coupes se succèdent sans interruption, il faut déjà avoir le sentiment musical assez exercé.

Toute reunion de motifs forme une pensée musicale, une *mélodie*.

Autour de la pensée principale viennent se grouper d'autres mélodies qui, à leur tour, reçoivent de nouveaux développements; de l'ensemble de ces divers motifs résulte un tout complet, qui constitue un *morceau de musique*.

On dit d'un morceau qu'il est mélodieux, comme on dit d'un discours qu'il est eloquent.

Pour qu'un morceau soit bien phrasé, il faut que les coupes rhythmiques soient toujours entre elles dans un rapport d'égalité.

Les melodies se composent généralement d'un nombre pair de mesures; cette division est le *rhythme pair*.

Le *rhythme impair* est moins naturel, et par conséquent peu usité; c'est dans les coupes qu'il se rencontre encore le plus souvent

RHYTHME PAIR:

AIR DE DEUX MÉLODIES

MÉLODIE DE DIX MESURES.

MÉLODIE DE DOUZE MESURES.

RHYTHME IMPAIR :

DEUX COUPES FORMANT SEPT MESURES.

AIR RUSSE.

CHAPITRE XXVI.

DES ORNEMENTS OU AGRÉMENTS.

Il est certains ornements ou agréments qui servent à relever le dessin primitif d'une mélodie.

EXEMPLES:

etc.

L'emploi et le choix des agréments dépendent entièrement du compositeur, et ne sont subordonnés qu'aux règles générales du goût et du tact musical.

Parmi ces ornements il y en a trois que l'on écrit avec des notes plus petites que les notes ordinaires; ce sont : *l'appoggiature*, le *gruppo* et la *fioriture*; pour les autres, on a des signes particuliers.

L'APPOGGIATURE.

L'appoggiature, sur laquelle on appuie toujours plus que sur la grande note, précède celle-ci et a la moitié de sa valeur.

Lorsque *l'appoggiature* précède une note pointée, elle a les deux tiers de sa valeur :

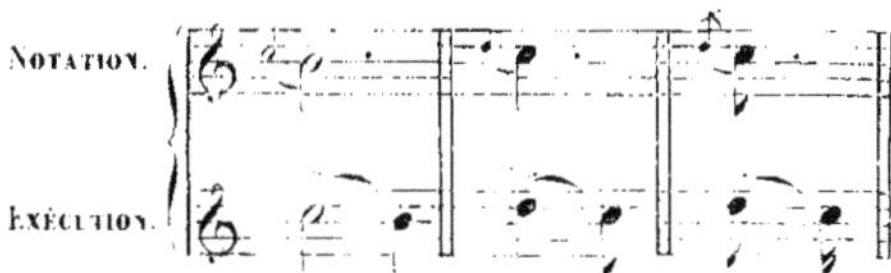

L'ACCACIATURE.

On doit exécuter *l'accaciature* avec assez de rapidité pour ne point altérer la valeur de la grande note.

EXEMPLE :

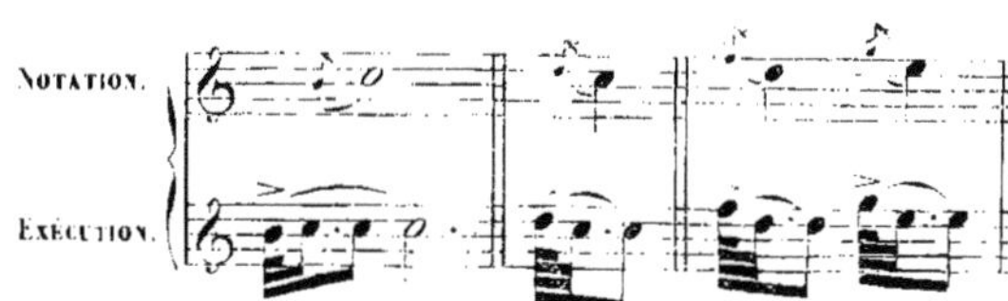

LE PORT DE VOIX.

Le *port de voix* suit toujours la grande note, et elle prend la moitié de sa valeur :

LA DOUBLE APPOGGIATURE.

La valeur de la *double appoggiature* compte pour un quart de la note principale qu'elle peut précéder ou suivre.

LE GRUPPO.

Le *gruppo*, réunion de quatre petites notes, précède ou suit la note principale et prend la moitié de sa valeur :

LE GRUPPETTO.

Le *Gruppetto* est l'ornement suivant :

Lorsque le *gruppetto* renferme une note diésée ou bémolisée, on place le ♯ ou le ♭ au-dessus ou au-dessous du signe, selon qu'ils se rapportent à la note inférieure ou à la note supérieure de l'ornement :

SUCCESSION DE GRUPPETTI.

Le *gruppetto*, appliqué à une note pointée, s'exécute ainsi :

LA FIORITURE.

La *fioriture* comprend un plus grand nombre de petites notes que le gruppo : de plus, elle n'est pas sujette à la mesure : on l'exécute *ad libitum.*

LE TRILLE.

Le *trille ordinaire*, marqué par *tr*, est l'ornement suivant :

Le *trille préparé* commence par une note supérieure indiquée comme note d'agrément :

La fin du trille peut aussi avoir la forme que voici :

Le *trille tronqué*, qu'on appelle *mordant*, se marque ainsi :

Ce *trille* n'affecte qu'une partie de la note surmontée du signe.

CHAPITRE XXVII.

DES TERMES CARACTÉRISTIQUES.

La nomenclature suivante présente les termes en usage pour marquer, soit le caractère général d'un morceau, soit l'expression d'un passage en particulier.

Affettuoso	affectueux.
Agitato	agité.
Amabile.	aimable.
Alla zoppa	d'une manière inégale.
Amoroso	amoureux.
Animato	animé.
Andito	assuré.
Arioso	soutenu, élégant.
Ad libitum	à volonté.
Brillante	brillant.
Burlesco	burlesque.
Cantabile.	chantant.
Capricio	capricieux.
Comodo.	avec aisance.
Con anima. . . .	avec âme.
Con brio	avec éclat.
Con discrezione . .	avec discrétion.
Con fuoco	avec feu.
Con moto	avec mouvement.
Con spirito.	avec esprit.
Con tenerezza . . .	avec tendresse.
Con delicatezza. . .	avec délicatesse, finesse, douceur.
Discreto	discret.
Dolce	doux.
Dolcissimo	extrêmement doux.

Espressivo	expressif.	*Maestoso*	majestueux.
Furioso.	furieux.	*Mesto*.	triste.
Grandiosamente . .	grandiose, pompeux.	*Mezza voce*.	à demi-voix.
Grazioso	gracieux.	*Marcato*	marqué.
Innocente.	naïf, innocent.	*Patetico*.	pathétique.
Giocoso.	joyeux.	*Pomposo*	pompeux.
Languido.	avec langueur.	*Risoluto*.	résolu.
Lagrimoso	en pleurant.	*Sostenuto*.	soutenu.
Leggiero	léger.	*Tenuto*	en tenant.
Lusingando.	d'une manière engageante.	*Scherzo*.	en badinant, avec grace et légèreté.
		Scherzando.	en badinant, avec grace et légèreté.
Lamentabile	lamentable.	*Vivace*	vif.

Outre les termes que nous venons d'énumérer, et qui suffisent sous tous les rapports, il en est d'autres dont nous ne parlerons pas. Tout compositeur de quelque importance se croit obligé d'enrichir à son tour une nomenclature déjà trop riche. Nous ne contestons point le mérite que peuvent avoir ces créations ou innovations terminologiques, mais, dans tous cas, elles ne seraient qu'une superfétation dans un traité élémentaire.

CHAPITRE XXVIII.

DE LA BARRE PARTITIVE ET DE LA BARRE FINALE.

DU RENVOI.

Les parties dont se compose un morceau sont séparées par la *barre partitive :*

La *barre finale* indique la fin d'un morceau :

Lorsqu'il y a deux points à la gauche de la barre partitive, il faut reprendre la partie :

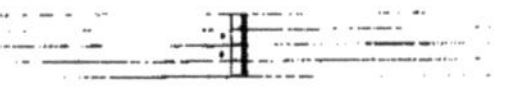

Deux points à la droite de cette barre indiquent la reprise de la partie qui suit :

Souvent la fin d'une partie est changée à la reprise. Dans ce cas, la première fin est marquée par *prima volta*, et la seconde fin, par *secunda volta*.

EXEMPLE :

Lorsqu'il y a *D. C. (Da Capo)* à la fin d'un morceau, on doit le reprendre du commencement.

Le *renvoi* (𝄋) indique la reprise d'une partie précédente. On place ce signe à l'endroit d'où il faut reprendre et à celui d'où l'on renvoie.

EXEMPLE :

CHAPITRE XXIX.

DE LA DICTÉE.

Les mélodies sont la traduction du sentiment individuel; la science ne peut point apprendre à les créer. On naît compositeur comme on naît poëte: le travail ni le savoir ne peuvent suppléer aux dons de la nature. Mais la science peut contribuer à développer et à guider les facultés naturelles, en nous mettant à même de saisir et de noter avec facilité toute musique que nous entendons exécuter, ainsi que celle qui peut se présenter à notre imagination. Pour faire arriver promptement l'élève à ce degré d'intelligence musicale, on l'exercera souvent à écrire sous la dictée.

RÈGLES À SUIVRE DANS LE COURS DE DICTÉE.

1° Le professeur commencera par des mélodies courtes et simples.

2° Il passera progressivement aux mélodies plus compliquées.

3° Si la dictée se fait en chantant, on se bornera à vocaliser les notes, sans les nommer.

4° On exécutera d'abord l'exemple, en battant la mesure; puis, on interrogera l'élève sur la mesure, le ton, etc.

5° Après rectification des réponses, on fait marquer la clef, la mesure et l'armure; ensuite, on recommence la dictée, en ayant soin de s'arrêter souvent, jusqu'à ce que l'élève ait acquis quelque habitude d'apprécier facilement les sons et les formes rhythmiques.

EXEMPLES DE DICTÉE:

(Nous laissons aux professeurs le soin de choisir les exemples de dictée pour les leçons suivantes.)

CHAPITRE XXX.

DE L'HARMONIE. — DES ACCORDS.

L'harmonie repose sur les combinaisons simultanées des sons. De ces combinaisons résultent des accords qui produisent une impression agréable sur l'oreille.

On appelle *accords parfaits* ceux qui procurent à l'oreille une satisfaction complète; ce sont :

La *triade majeure*. . . . . composée de la 1, 3 et 5.

La *triade mineure*. . . . . — 1, 3e et 5.

Ces triades sont les accords fondamentaux des modes majeur et mineur.

La *prime*, la *tierce* ou *tierce baissée*, et la *quinte* sont considérées comme les notes principales de la gamme, à cause du rapport harmonique parfait qui existe entre elles. Les autres notes étant pour ainsi dire, en musique, ce que les conjonctions sont dans le discours, on peut les nommer *notes conjonctives*.

Les accords imparfaits sont ceux qui ne contentent pas l'oreille, et qui font toujours desirer une suite.

TABLEAU DES ACCORDS IMPARFAITS.

La *triade majeure chromatique* . . 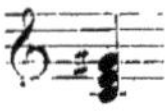 composée de la 1. 3 et 5+.

La *triade mineure chromatique* . . 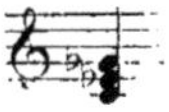 — 1. 3° et 5°.

La *tétrade majeure* . . . . 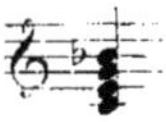 composée de la 1. 3. 5 et 7°.

La *tétrade mineure* . . . . 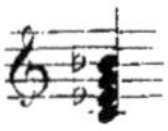 — 1. 3°. 5 et 7°.

La *tétrade majeure chromatique*. . 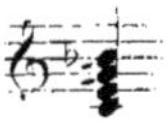 — 1. 3. 5+ et 7°.

La *tétrade mineure chromatique*. . 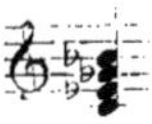 — 1. 3°. 5° et 7°.

La *tétrade accidentelle* . . . . . . 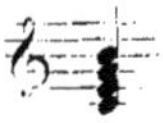 — 1. 3. 5 et 7.

La *tétrade altérée* . . . . 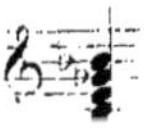 — 1. 3. 5° et 7°.

La *tétrade chromatique* . . . . . . 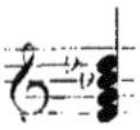 — 3. 5. 7° et 9°.

La *pentade majeure*. . . . . composée de la 1. 3. 5. 7e et 9.

La *pentade mineure*. . . . . — 1. 3. 5. 7e et 9e.

La *pentade altérée* . . . . — 1. 3. 5e. 7e et 9e.

L'étude des nombreuses modulations harmoniques exige un long et sérieux travail. Nous nous réservons de développer ce sujet dans un Traité d'enseignement supérieur qui fera suite à notre Cours élémentaire. Pour le moment, notre but est de nous occuper spécialement des accords.

CHAPITRE XXXI.

DE LA TRANSPOSITION DES ACCORDS.

On transpose les accords comme les gammes, dont chaque note peut leur servir de *fondamentale*, de *prime*.

EXEMPLES:

TRANSPOSITION DES TRIADES MAJEURE ET MINEURE.

TRIADE MAJEURE D'UT.

TRIADE MINEURE DE LA.

TRIADE MAJEURE DE SOL.

TRIADE MINEURE DE MI.

etc.

[1] Faites faire les transpositions de tous les accords.

La gamme chromatique peut être accompagnée de la *triade majeure* ou de la *triade mineure*. Lorsqu'elle est jointe à la triade majeure, on l'écrit avec la *seconde élevée*; lorsqu'elle est jointe à la triade mineure, on l'écrit avec la *tierce baissée*. La seconde élevée figure comme note conjonctive du mode majeur, et la tierce baissée, comme note constitutive du mode mineur.

EXEMPLES :

MODE MAJEUR.

MODE MINEUR.

CHAPITRE XXXII.

DE L'AUGMENTATION DES ACCORDS. — DE L'HARMONIE SERRÉE ET DE L'HARMONIE LARGE.

On augmente les accords en y ajoutant les octaves des notes, et les octaves de ces octaves, soit à l'aigu, soit au grave ; ils deviennent alors plus volumineux, plus puissants, sans toutefois rien perdre de leur qualité harmonique.

EXEMPLES :

Pour exécuter ces accords sur le piano, on est obligé de jouer les notes *successivement* ; c'est ce qu'on appelle : *arpéger*. Voici comment on indique les arpèges :

Briser un accord, c'est le décomposer et en réunir les notes en groupe.

EXEMPLES D'ACCORDS BRISÉS:

Lorsque les notes d'un accord se trouvent rapprochées, elles forment une *harmonie serrée*; dans l'*harmonie large*, on les dispose de manière à laisser plus d'intervalle entre elles.

EXEMPLE:

CHAPITRE XXXIII.

DU RENVERSEMENT DES ACCORDS.

Renverser un accord, c'est en supprimer la note grave et la reproduire à l'octave :

La *tierce* ou la *tierce baissée* devient alors la basse. Ces tierces peuvent être supprimées à leur tour et reproduites à l'octave ; alors ce sont les *quintes* qui figurent comme note grave de l'accord.

Les triades n'ont que deux renversements ; car en supprimant les *quintes*, l'octave de la fondamentale devient la basse, et les notes se retrouvent dans l'ordre normal des triades, mais d'une octave plus haut.

EXEMPLE :

Dans le troisième renversement des *tétrades*, c'est la *septime* qui est au grave.

On a toujours soin d'écrire la *tétrade majeure chromatique* de manière que la *quinte élevée* soit à distance de la *septime baissée*, et que ces deux notes forment une harmonie large; par cette disposition, on adoucit la dissonance qui résulte de la réunion de ces notes :

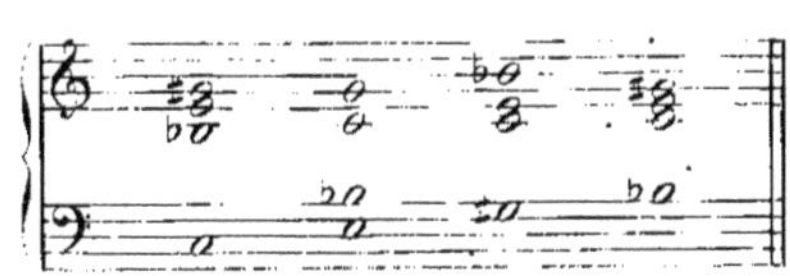

Les renversements de la *tétrade accidentelle* forment des accords très dissonants, et sont peu en usage.

La *tétrade altérée* est principalement employée dans son deuxième renversement :

Les renversements de la *tétrade chromatique* sont tous usités :

RENVERSEMENTS DES PENTADES.

D'ordinaire, dans les renversements des *pentades*, la fondamentale n'est pas reproduite à l'aigu; si, par exception, on la reproduit, elle doit toujours être en harmonie large avec la *neuvième:*

La *pentade altérée* est usitée dans son deuxième renversement:

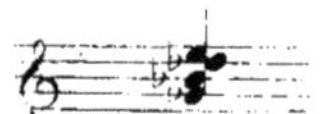

CHAPITRE XXXIV.

DE LA STÉNOGRAPHIE DES ACCORDS. — DE LA BASSE CHIFFRÉE.

Lorsqu'on compose en brouillon, on emploie souvent des chiffres pour marquer les accords que l'on ne peut écrire ou disposer entièrement dans la rapidité de la composition : c'est ce qu'on appelle : *chiffrer la basse*. On se sert aussi de ces chiffres pour le travail harmonique, ainsi que dans les analyses.

EXEMPLE :

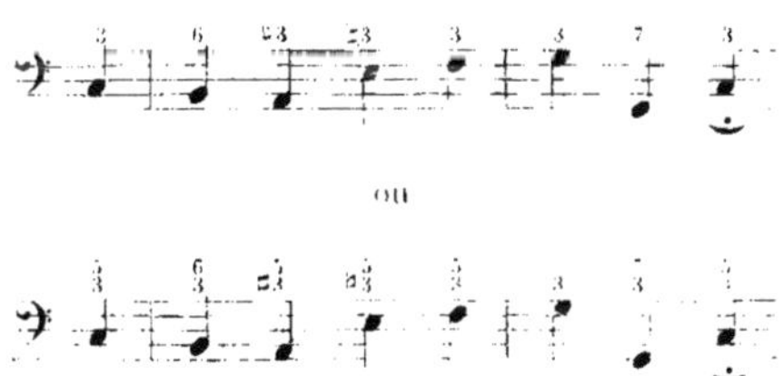

Ces abréviations par chiffres sont non seulement compliquées, mais, en outre, elles offrent la plupart du temps de l'équivoque, de l'ambiguïté. Nous remplaçons ce système d'écriture par les signes sténographiques que voici :

STÉNOGRAPHIE DES TRIADES.

Triade majeure . . . . . . 1er renversem. 2e renversem.

Triade mineure . . . . . .

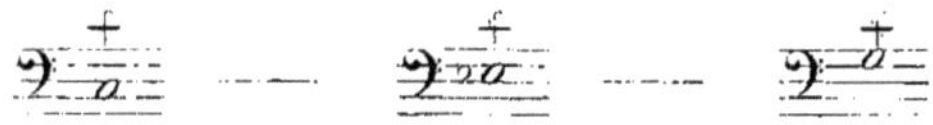

Triade maj. chromatique

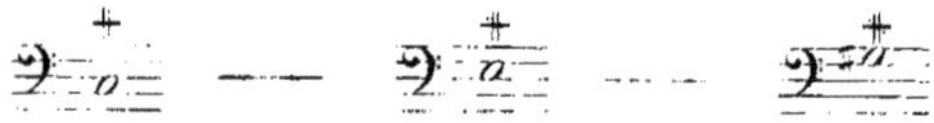

Triade min. chromatique

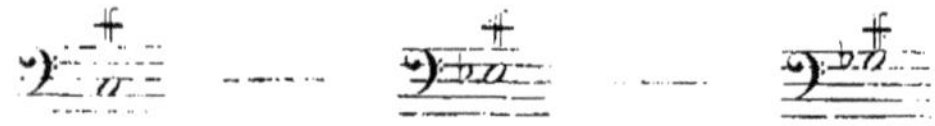

STÉNOGRAPHIE DES TÉTRADES.

Tétrade majeure. 1er renv. 2e renv. 3e renv.

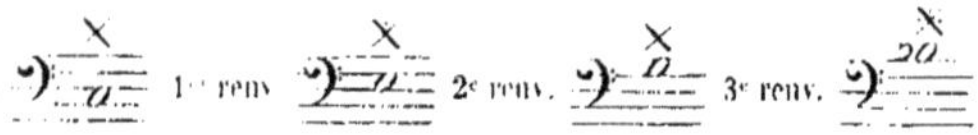

Tétrade mineure .

Tetrade maj. chrom.

Tétrade min. chrom. 1er renv. 2e renv. 3e renv.

Tétrade accidentelle.

Tétrade altérée . . .

Tétrade chromatique.

STÉNOGRAPHIE DES PENTADES.

Pentade maj. 1er renv. 2e renv. 3e renv. 4e renv.

Pentade min.

Pentade altérée

APPLICATION:

On voit que nous laissons subsister les chiffres dans les cas où il faut indiquer les notes qui suspendent ou retardent un accord.

Toute note qui ne fait pas partie constitutive d'un accord y forme une *suspension* ou *retard*.

Quand le retard est dans la basse, nous marquons le chiffre d'un trait oblique.

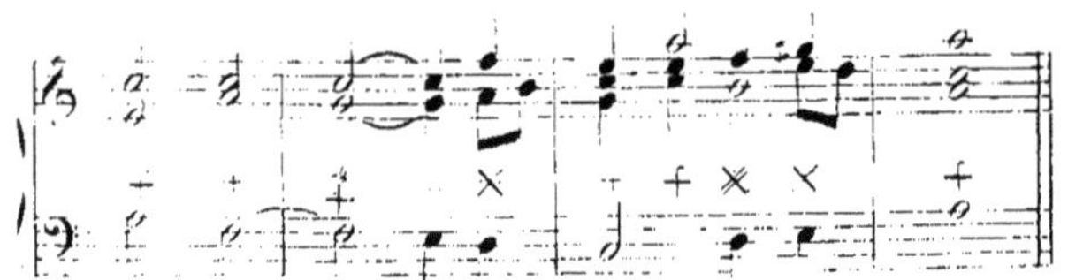

ANCIENNE NOMENCLATURE ET STÉNOGRAPHIE (CHIFFRATURE) DES ACCORDS.

ACCORD PARFAIT MAJEUR.

1er renversement. 2e renversement.

Accord de sixte — Accord de quarte et sixte

ACCORD PARFAIT MINEUR.

1er renversement. 2e renversement.

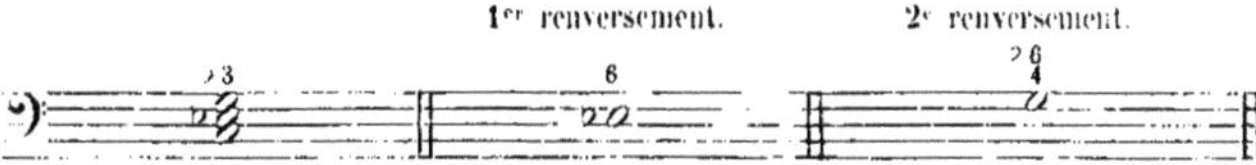

ACCORD DE QUINTE AUGMENTÉE.

1er renversement. 2e renversement.

ACCORD DE QUINTE DIMINUÉE.

1er renversement. 2e renversement.

ACCORD DE SEPTIÈME DOMINANTE, OU DE PREMIÈRE ESPÈCE.

1er renversement. 2e renversement. 3e renversement.

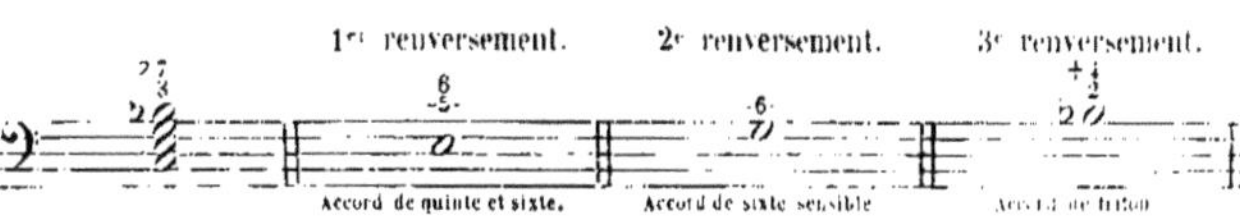

Accord de quinte et sixte. — Accord de sixte sensible — Accord de triton

ACCORD DE SEPTIÈME DE PROLONGATION, OU DE SECONDE ESPÈCE.

1er renversement 2e renversement. 3e renversement.

Accord de seconde.

ACCORD DE SEPTIÈME DOMINANTE AVEC QUINTE AUGMENTÉE.

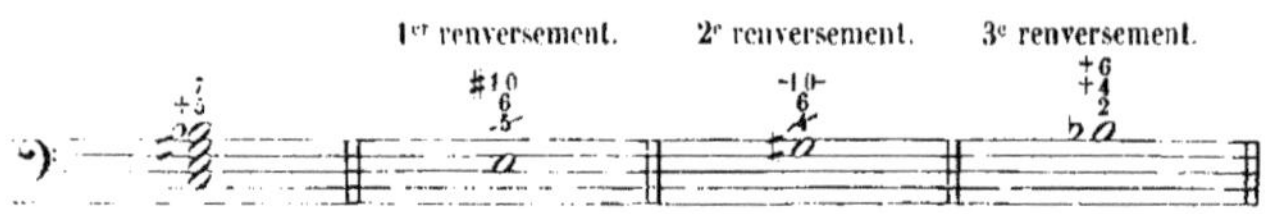

ACCORD DE SEPTIÈME MIXTE ET SEPTIÈME SENSIBLE, OU DE TROISIÈME ESPÈCE.

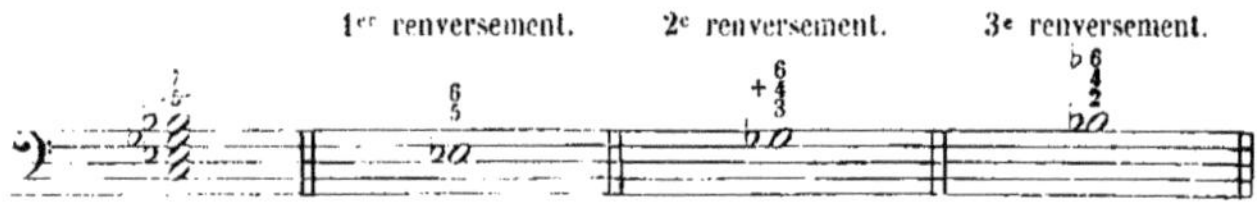

ACCORD DE SEPTIÈME MAJEURE, OU DE QUATRIÈME ESPÈCE.

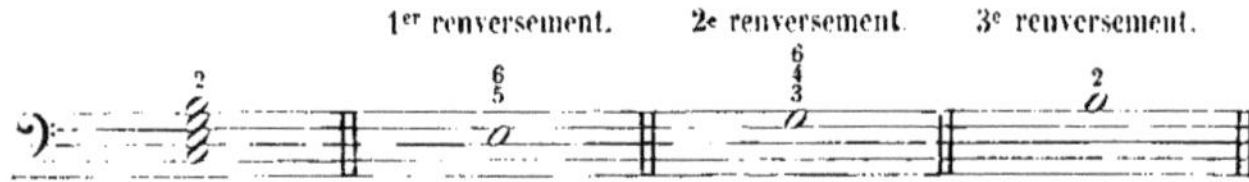

ACCORD DE SEPTIÈME AVEC TIERCE MAJEURE, QUINTE DIMINUÉE ET SEPTIÈME MINEURE.

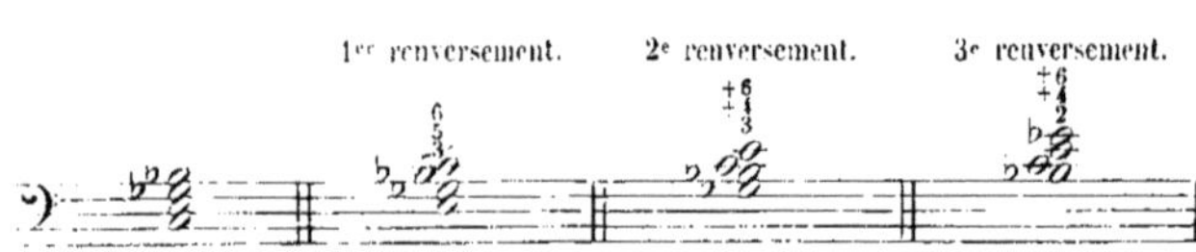

ACCORD DE SEPTIÈME DIMINUÉE.

1er renversement. 2e renversement. 3e renversement.

ACCORD DE NEUVIÈME DOMINANTE MAJEURE.

ACCORD DE NEUVIÈME DOMINANTE MINEURE.

ACCORD DE NEUVIÈME MINEURE AVEC TIERCE MAJEURE, QUINTE DIMINUÉE, SEPTIÈME ET NEUVIÈME MINEURE.

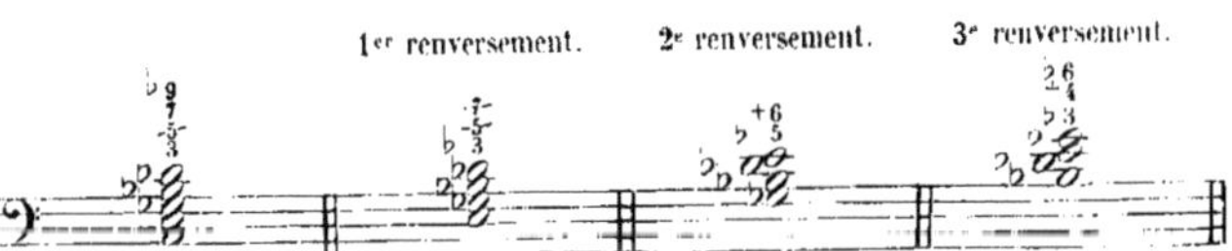

[illegible]

ÉLÈVE DE Mr MARMONTEL, PROFESSEUR AU CONSERVATOIRE

ÉLÈVE DE Mr MASSART PROFESSEUR AU CONSERVATOIRE.

[illegible]

ÉLÈVE DE Mr VASLIN, PROFESSEUR AU CONSERVATOIRE

Lauréat du Concours de 1849

Élève de Mr SCHAFFT, professeur au Conservatoire.

Lauréat du Concours de 1849

ÉLÈVE DE Mr PRUMIER, PROFESSEUR AU CONSERVATOIRE.

[illegible]

ÉLÈVE DE Mr PRUMIER, PROFESSEUR AU CONSERVATOIRE.

[illegible]

Lauréat du Concours de [illegible]

ÉLÈVE DE M.R VOGT, PROFESSEUR AU CONSERVATOIRE

Lauréat du Concours de 1849

ÉLÈVE DE Mr KLOSE, PROFESSEUR AU CONSERVATOIRE

Clarinette.

ÉLÈVE DE M.R VOGT PROFESSEUR AU CONSERVATOIRE

Lauréat du Concours de 18[illegible]

ÉLÈVE DE Mr WILLENT, PROFESSEUR AU CONSERVATOIRE.

[illegible]

ÉLÈVE DE Mr GALLAY, PROFESSEUR AU CONSERVATOIRE.

[illegible]

[illegible]

ÉLÈVE DE Mr DAUVERNÉ, PROFESSEUR AU CONSERVA…

[illegible]

ÉLÈVE DE Mr DAUVERNE

[illegible]

Lauréat du Concours de [illegible]

ÉLÈVE DE Mr GALAY, PROFESSEUR AU CONSERVATOIRE.

[illegible]

Lauréat du Gymnase musical militaire.

ÉLÈVE DE Mr DIEPPO PROFESSEUR AU CONSERVATOIRE.

Lauréat du Gymnase Musical Militaire

ÉLÈVE DE Mr. CAUSSINUS, PROFESSEUR AU CONSERVATOIRE.

19

Orgue de Mr Debain

[illegible]

Lauréat du Concours de 1849.

ÉLÈVE DE Mr BENOIST, PROFESSEUR AU CONSERVATOIRE.

www.ingramcontent.com/pod-product-compliance
Ingram Content Group UK Ltd.
Pitfield, Milton Keynes, MK11 3LW, UK
UKHW020305180726
13839UKWH00001B/372